Selbstvertrauen
Selbstfindung
Selbstliebe

Optimiert Lernen mit dem 3in1
Ratgeber Buch
Steigern, entwickeln
&
verbessern Sie Ihre Persönlichkeit
Das Selbstwertgefühl stärken
&
innere Stärke aufbauen

D1665952

©2019, Leoni Herzig
1. Auflage
Alle Rechte vorbehalten.
Kein Teil aus diesem Buch darf in irgendeiner
Form ohne Genehmigung des Autors
reproduziert werden.

Inhaltsverzeichnis

Buch 1 von 3
Selbstvertrauen

Immer wieder begegnet man Menschen, die mit ihrer ausgeprägten Persönlichkeit überzeugen. Sie haben sich für eine innere Einstellung entschieden und eine Denkweise manifestiert, um sich vollends zu entfalten. Ihr Leben orientiert sich an Grundhaltungen, die sie zu dem Menschen machen, den sie darstellen.

Sie sind selbstbewusst. Bei ihnen gibt es keine Verschlossenheit, keine Feindseligkeit und kein klassisches Schubladendenken. Für das persönliche Wachstum ist Aufgeschlossenheit sehr wichtig, da man offen für neue Denkansätze ist und damit den verschiedenen Situationen im Leben gegenübertritt. Faire Chancen, anstatt Vorurteile prägen ihre Handlungen und Entscheidungen.

Eine weitere Grundhaltung, die diese Menschen verinnerlicht haben, ist Eigenverantwortung, weil sie wissen, dass sie selbst für ihr Leben verantwortlich sind.

Sie denken selbst und überlassen dieses nicht dem Staat, der Gesellschaft, dem Umfeld, den Eltern oder dem Lebenspartner.

Das Ruder ist fest in ihrer Hand und sie bestimmen, wohin das Schiff fährt. Es wird sich eine eigene Meinung gebildet und nicht alles sofort geglaubt, was ihnen erzählt wird. Sie haben das Wissen darüber, was ihnen guttut und sind in der Lage Dinge zu verwerfen, die nicht funktionieren.

Da die Welt extrem dynamisch ist und immer wieder Veränderungen bereithält, ergibt sich nur eine Sache, die konstant bleibt. Es ist die Veränderung! Selbstbewusste Persönlichkeiten haben das erkannt und haben sich von veralteten Denkweisen verabschiedet.

Sie haben sich der Dynamik angepasst und verschließen sich nicht vor der Welt und den neuen Seiten, die sie an sich selbst entdecken.

Sie orientieren sich an Zielen und nicht an Problemen, weil sie Situationen aus verschiedenen Blickwinkeln betrachten und damit eine Zielperspektive entwickeln.

Ihnen ist klar, dass es für alles eine Lösung gibt.
Für ihre persönliche Entwicklung, die niemals
aufhört, geben sie sich Zeit, weil sie wissen, dass
Selbstvertrauen, Selbstwert und Selbstbewusstsein
nicht über Nacht plötzlich da ist. Mit Ausdauer
formen sie ihre Persönlichkeit, legen Gewohnheiten
ab und ersetzen diese durch neue.

Fehler gibt es für sie nicht, sondern nur Ereignisse,
die sie als Feedback nutzen. Es sind für sie
wertvolle Lektionen, die sie dazu animieren, um es
beim nächsten Anlauf besser zu machen.

Entwicklung bedeutet für sie hinfallen, aufstehen
und weiter machen. Trotz vieler Steine, die ihnen
im Weg liegen, wissen sie genau, dass die beste
Investition, die sie tätigen können, in sie selbst ist.

Mehr Selbstbewusstsein, Selbstwert und
Selbstvertrauen können Sie auch erlangen.

Jeder Mensch hat nämlich eine Persönlichkeit, nur
gestaltet sich die Ausprägung sehr unterschiedlich.
Genau da lässt sich der Hebel ansetzen, um die
Haltung zu sich selbst zu verbessern.

Setzen Sie auf Ihre Stärken, akzeptieren Sie Grenzen, verbessern Sie Ihr Selbstbewusstsein, steigern Sie Ihr Selbstvertrauen und Ihren Selbstwert, um als starke Persönlichkeit wahrgenommen zu werden.

Selbstbewusstsein und Selbstwert – die Kunst der Selbstannahme und Eigenliebe

Mit Selbstbewusstsein und Selbstwert erlangen Sie Selbstvertrauen. Wer sich nach diesen drei Begriffen einmal im Internet umschaut, stößt auf folgende Bedeutungen:

- **Selbstbewusstsein** wird als selbst bejahende, überzeugte Haltung gegenüber sich selbst und den eigenen Fähigkeiten beschrieben.
- **Selbstwert** wird als das Gefühl für den Wert der eigenen Person definiert.
- **Selbstvertrauen** ist das Vertrauen in die eigene Kraft und die Fähigkeiten.

Diese grobe Umschreibung lässt sich aber noch verfeinern, da es nicht nur ausführlichere Definitionen zu den Begriffen gibt, sondern auch Forschungen und Annahmen.

Selbstbewusstsein

Dieser Begriff kommt in der Philosophie, Psychologie, Soziologie und den Geschichtswissenschaften zum Einsatz und ist mit mehreren Bedeutungsebenen ausgestattet. Einerseits beschreibt der Begriff das kollektive Gruppenbewusstsein und zum andern steht er im Bezug zum „Selbstbewusstsein des Individuums".

Das Selbstbewusstsein ist für innere Denkvorgänge verantwortlich und führt zum Erkennen der eigenen Persönlichkeit. Sie stellen sich dabei die Fragen wer und was Sie sind. Aus dem angestoßenen Denkprozess ergeben sich die Antworten. Genauso gibt es passive Denkanstöße, die von außen kommen und durch anders denkende Menschen hervorgerufen werden. Damit haben Sie die Möglichkeit, die eigene Person zu erkennen und zu definieren.

Die Denkanstöße von außen sind für die Entwicklung des Selbstwertgefühls wichtig. Selbstbewusstsein umfasst aber auch Vertrauen, Gewissheit, Sicherheit und Zuversicht.

Im englischen gibt es dafür die Begriffe „self-confidence" oder „self-assurance".

confidence = Zuversicht, Vertrauen

assurance = Vertrauen, Gewissheit, Sicherheit

Menschen mit einem starken Selbstbewusstsein sind mit diesen Dingen in hohem Maß ausgestattet. Sie begegnen ihrer Zukunft relativ optimistisch, sorglos, unbekümmert und ohne Angst, weil sie mit einem gut entwickelten Selbstvertrauen ausgestattet sind. Daher ist eigentlich klar, dass Selbstbewusstsein im Allgemeinen als „überzeugt sein von den eigenen Fähigkeiten" und „dem Wert der eigenen Person" so definiert wird. Solche Persönlichkeiten haben ein besonders selbstsicheres Auftreten.

Selbstbewusstsein wird umgangssprachlich als positives Wertgefühl dargestellt und bezieht sich auf eine Person oder eine Gruppe von Menschen, deren soziale Werte im Zusammenhang stehen. Demnach wird für Selbstbewusstsein oftmals das Synonym „Selbstwert" verwendet. Grundsätzlich bezieht sich Selbstbewusstsein aber auf eine wertende Umgebung, die Ihnen anerkennend oder nicht anerkennend begegnet.

Anerkennend bedeutet dabei nicht anderes, als den geltenden Wertvorstellungen zu entsprechen. Wer sich seiner selbst bewusst ist, hat mehr oder weniger ein kritisches Selbstwertgefühl, welches er durch das Erwerben von gewünschten Eigenschaften wie Selbstbestimmung und Eigenverantwortlichkeit weiter ausbaut.

Ein ausgeprägtes Selbstbewusstsein haben auch Menschen, die als Persönlichkeit einer angepassten Gruppe entgegentreten.

Selbstwert

Zitat: „Ein Mensch – das trifft man gar nicht selten – der selbst nichts gilt, lässt auch nichts anderes gelten." Eugen Roth

Selbstwert ist die eigene Wertigkeit bzw. emotionale Einschätzung, die sich ein Mensch beimisst. Daher werden für Selbstwertgefühl synonyme Begriffe wie Selbstsicherheit, Selbstvertrauen und Selbstbewusstsein verwendet. Das Ergebnis des Selbstwertgefühls ist subjektiv und lässt sich anhand der „Selbstwertskala von Morris Rosenberg" messen. Lange wurde dem Selbstwert in der Psychologie und anderen Humanwissenschaften kein großer Stellenwert beigemessen. Grundsätzlich ist aber der Selbstwert das Fundament für Glück und Erfolg.

Heute finden Sie Selbsthilfegruppen und Psychotechniken, die den Selbstwert steigern und festigen sollen. Es gibt Untersuchungen, die belegen, dass Sie bis zu einem Alter von 60 Jahren das Selbstwertgefühl steigern können. Anschließend soll es wieder abnehmen.

Menschen mit einem ausgeprägten Selbstwert fühlen sich in ihrer Haut wohl und sind in der Lage, Ruhe in sich selbst zu finden.

Sie wissen, dass sie unabhängig von ihren Leistungen und Fähigkeiten gut sind. Selbstwert beschreibt zudem die Individualität, weil es immer eine Wahlmöglichkeit gibt.

In früheren Gesellschaften wurde der Wert eines Menschen bei der Geburt festgelegt. Es wurde nicht über den Selbstwert nachgedacht. Unsere moderne, von Werten geprägte Gesellschaft fordert zum Umdenken auf, sodass die alten Werte ins Wanken geraten. Durch die Konfrontation mit sich selbst und anderen Mitgliedern der Gesellschaft ergibt sich das Gefühl, sich immer wieder angleichen zu müssen.

Ein stabiles Selbstwertgefühl ist das Resultat dessen, dass Sie endlich damit anfangen, Selbstverantwortung zu übernehmen und deutlich achtsamer gegenüber sich selbst sind. Pflegen Sie einen netten Umgang mit sich selbst und beeinflussen Sie Ihre Gefühle.

Eigenliebe

In der Persönlichkeitsentwicklung spielt Eigenliebe, auch Selbstliebe genannt, eine ganz wichtige Rolle. Dem Begriff wurde und wird heute immer noch ein negativer Inhalt zugeordnet und mit Egoismus sowie Narzissmus gleichgesetzt. Stimmt diese Aussage wirklich? In der Bibel findet sich die Idealvorstellung von Eigenliebe. Denn dort steht geschrieben: *„Liebe Deinen Nächsten wie Dich selbst."*

Dieser Satz bedeutet nichts anderes, dass Eigenliebe die Nächstenliebe mit einschließt. In der modernen Psychologie wird davon ausgegangen, dass psychische Probleme und Verhaltensauffälligkeiten verschwinden, wenn die Person lernt, sich selbst zu lieben. Daraus resultiert die Annahme, dass leidende Menschen sich selbst erst lieben lernen müssen.

Die Grundlage des Lebens beruht auf der Liebe und führt zu einem zufriedenen, glücklichen Leben. Sie umfasst auch die Eigenliebe und die Eigenakzeptanz.

Durch die Erziehung fehlt es leider vielen Menschen daran, weil immer wieder darauf hingewiesen wird, dass Eigenliebe eine schlechte Eigenschaft ist, die nur Schwierigkeiten bereitet. Menschen, die sich selbst lieben, nehmen sich so an, wie sie sind und passen nicht mehr in die ihnen zugedachte Rolle.

Wer es allen recht machen möchte und seine Persönlichkeit in den Hintergrund stellt, wird kein zufriedenes Leben führen, da diese Menschen nicht im Einklang mit sich selbst sind. Sie fühlen sich zu dumm, zu dick, zu hässlich. Doch wie soll das funktionieren, dass Sie jemand anderen klasse finden und diesen Menschen lieben, wenn Sie sich selbst nicht akzeptieren und keine Liebe für sich selbst empfinden?

Die Fähigkeit zur Eigenliebe ist erlernbar, indem Sie Ihre Stärken großartig finden und sich selbst die eigenen Schwächen verzeihen. Blauäugigkeit und Illusionismus habe dabei nichts zu suchen. Menschen ohne Selbstzweifel gibt es leider viel zu viele. Betrachten Sie sich ruhig selbstkritisch und vergessen Sie dabei nicht, Ihre Stärken zu lieben und Schwächen zu verzeihen.

Es gibt Menschen in Ihrem Umfeld, die Sie lieben, genauso wie Sie sind. Mit diesem Bewusstsein stärken Sie Ihre Persönlichkeit, erlangen einen höheren Selbstwert und stärken Ihr Selbstbewusstsein. Sie denken nicht mehr darüber nach, etwas falsch zu machen, sondern genießen diese Freizügigkeit, die Sie sich selbst damit einräumen und erleben das unbeschreibliche Gefühl, so angenommen zu werden, wie Sie wirklich sind.

Ausführlich behandelt, finden Sie dieses Thema zur Selbstliebe in Buch 3

Die Verbindung zwischen Selbstbewusstsein und Selbstwert

In den ersten Lebensjahren wird durch Gene und Erfahrungen die Grundlage für die Persönlichkeit geschaffen.

Sie bestimmt die Haltung, die ein Mensch gegenüber sich selbst entwickelt. Selbstwertgefühl ist auch später noch zu verbessern, wenn Sie vorhandene Grenzen akzeptieren und auf Ihre Stärken bauen.

Die menschliche Psyche stellt mit Selbstbewusstsein eine Eigenschaft bereit, die Reaktionen, Haltung, Mimik und Gestik prägen. Gleichzeitig haben selbstbewusste Menschen ein anderes Empfinden für Freude, das wiederum das Selbstbewusstsein stärkt.

Es stellt sich größere Neugier, größeres Interesse und Offenheit für neue Erfahrungen ein, sodass sich Freude, Harmonie und Glück vergrößert und sich ein Weg in ein zufriedenes Leben ergibt.

Ein schwaches Selbstbewusstsein stellt sich in Mutlosigkeit und Antriebslosigkeit dar. Denn es wird sich jegliche Kompetenz abgesprochen. Zudem fühlen Sie sich unattraktiv und würden sich am liebsten verstecken. Es wird versucht, Herausforderungen zu vermeiden.

Es entsteht ein Schamgefühl, das zu einer weiteren Abwertung der Persönlichkeit führt. Schnell stellt sich der Gedanke der Sinnlosigkeit ein, den Sie auf Ihr Leben projizieren. Folgen eines mangelnden Selbstbewusstseins können psychische Erkrankungen wie Depressionen und Essstörungen sein.

Der Grundstein für die Persönlichkeitsentwicklung wird bereits im zarten Alter von 5 Jahren gelegt und bestimmt im Wesentlichen, in welche Richtung die Entwicklung erfolgt.

Forscher haben herausgefunden, dass die durchschnittliche Stärke des Selbstbewusstseins zu 50 Prozent genetisch bedingt ist. Sie bezeichnen dabei das Selbstbewusstsein als Selbstwertgefühl. Daher ist klar, dass sich schon sehr früh entscheidet, wie das Selbstwertgefühl aussieht.

Einfluss darauf haben das Elternhaus, die Schule und der Freundeskreis. Die Entwicklung der kindlichen Persönlichkeit ist im Alter von rund 20 Jahren soweit ausgebildet. Definiert ist dabei der Rahmen des Bildes, das Sie selbst von sich haben. Innerhalb dieser Grenzen können sich aber auch Veränderungen einstellen.

Sie werden durch äußere Umstände beeinflusst und stehen in engem Zusammenhang mit Bestätigung, die Sie in Ihrem jeweiligen Umfeld bekommen.

Aus diesen Grenzen ausbrechen gelingt nur schwerlich, es sei denn, professionelle Hilfe unterstützt Sie dabei, die persönliche Struktur zu verändern und über den Tellerrand zu schauen.

Bindung zu einer Bezugsperson – wichtige Grundlage für ein ausgeprägtes Selbstbewusstsein

Direkt nach der Geburt eines Kindes beginnt die Ausprägung des Selbstbewusstseins. Doch erst im Alter von 2 Jahren entsteht scheinbar die Empfindung für einen positiven Selbstwert. Es zeigt sich, dass Kinder zu diesem Zeitpunkt Freude für ihre Erfolge empfinden. Das schlechte Selbstwertgefühl stellt sich erst rund ein halbes Jahr später ein.

Eine wichtige Komponente für den Selbstwert ist Selbstvertrauen. Kleine Babys müssen darauf vertrauen können, dass Eltern ihre Bedürfnisse verstehen und befriedigen, gerade weil sie diese noch nicht mit Worten zum Ausdruck bringen können. Das Vertrauen wird zuerst auf die Eltern und später auf sich selbst übertragen. Dahinter steckt eine einzigartige Erkenntnis.

„Wenn ich anderen Menschen vertrauen kann, kann ich auch mir selbst vertrauen!"

Sie führt letztendlich dazu, das „Selbst-Vertrauen" entwickelt wird. Für die Ausprägung des Selbstbewusstseins ist die Bindung an eine Bezugsperson sehr wichtig. Dementsprechend sollte der Umgang mit Stimmungen wie Wut, Angst, Freude und Trauer immer angemessen ausfallen. Wichtig sind, das Annehmen und die Art, wie damit umgegangen wird.

Haben Sie frühzeitig eine sichere Bindung zu einer Bezugsperson gehabt, waren Sie bereits im Kindergarten in der Lage, ausdauernder, fantasievoller, fröhlicher, interessierter zu sein und konnten Konflikte lösen? Für den Umgang mit Emotionen sind im Alter von 5 Jahren bereits entscheidende Muster vorhanden. Die Wissenschaft hat herausgefunden, dass die Reife des Gehirns eines 5-Jährigen zu 90 Prozent dem eines Erwachsenen entspricht. Wurde bis zu diesem Zeitpunkt ein gutes Selbstbewusstsein aufgebaut, sind beste Voraussetzungen für ein glückliches Leben geschaffen. Die Wissenschaft hat bisher keinen festen Platz im Gehirn für das Selbstbewusstsein gefunden.

Daher kann davon ausgegangen werden, dass viele Bereiche dafür verantwortlich sind.

Neurowissenschaftler gehen dementsprechend davon aus, dass es nicht nur ein „ICH", sondern acht „ICHs" gibt. Der Bremer Hirnforscher Gerhard Roth definiert sie folgendermaßen:

- **Körper-Ich:** Damit stellt sich das Gefühl ein, dass Sie in dem Körper stecken, der wirklich Ihr Körper ist

- **Verortungs-Ich:** Es stellt das Bewusstsein bereit, dass Sie sich am richtigen Ort befinden, den Sie sich selbst zugedacht haben

- **perspektivische Ich:** Es sorgt dafür, dass Sie in Ihrer Welt der Mittelpunkt sind und dieses auch so erleben

- **Kontroll-Ich:** Sie haben Einfluss auf Ihre Gedanken und Handlungen und gelten damit als Verursacher und Herrscher gleichermaßen

- **Erlebnis-Ich:** Zeigt Ihnen, dass Sie Ihre Gefühle, Ideen, Wahrnehmungen leben empfinden und nicht diese, die durch andere beeinflusst sind

- **selbstreflexive Ich:** bietet Ihnen die Möglichkeit, über sich selbst nachzudenken
- das **ethische Ich** ist Ihr Gewissen. Es sagt Ihnen, was sie tun oder lassen sollten
- das **autobiografische Ich** ist die Überzeugung, dass Sie heute derselbe sind, der Sie gestern waren. Damit erleben Sie eine Kontinuität Ihrer eigenen Gefühle

In der Gehirnforschung lassen sich diese Bewusstseins- und Ich-Zustände differenzieren. Denn bei einer Erkrankung des Gehirns oder einer Hirnverletzung können sich getrennt voneinander Beeinträchtigungen ergeben. Das Gesamtpaket der Ichs ergibt die Grundlage dafür, dass Sie sich selbst und die Beziehung zu Ihrem Umfeld wahrnehmen können.

Damit bilden sie die Basis für das Selbstbewusstsein, wo die verschiedenen Glieder engmaschig miteinander verbunden sind. Nur so kann in Ihr Bewusstsein Ihr Selbstbild eindringen. Das daraus resultierende Selbstwertgefühl besteht aus mehreren Dimensionen und kann über unterschiedlich gelagerte Ausprägungen verfügen.

Eine wichtige Rolle für das Selbstbewusstsein ist Dopamin. Dieser Botenstoff regt die grauen Zellen des Gehirns an und sorgt dafür, dass durch die Ausschüttung eine bessere Verarbeitung von Informationen erfolgt. Gleichzeitig wird die Neugier geweckt und die Fantasie angeregt. Wenn nur chemische Substanzen nötig sind, um das Selbstbewusstsein zu stärken, wäre es doch sehr einfach, durch beispielsweise Amphetamine die Ausschüttung zu erhöhen und das Selbstbewusstsein zu steigern.

Auch wenn chemische Substanzen Gefühle und Handlungen beeinflussen, hat die Psyche des Menschen ein geeignetes Chemielabor. Glücklicher und selbstbewusster werden Sie auf Dauer durch das Experimentieren mit Tabletten und anderen Substanzen nicht. Das herbeigeführte Hochgefühl und Selbstbewusstsein sind beim Nachlassen der Wirkung schnell wieder verschwunden und hat keine wirkliche Substanz. Die frühkindliche Prägung der Persönlichkeit und Ihre Gene sind nicht einfach veränderbar.

Das gestaltet sich auch als äußerst sinnvoll, weil Sie dafür geschaffen sind, in einem kompakten Gebilde zu überleben. Darum gibt es einen stabilen Kern, der Ihr „selbst" darstellt und nicht manipulierbar ist.

Aus eigenem Willen heraus werden Sie nicht zu einem neuen Menschen. Doch mit der vorhandenen Substanz können Sie lernen zufriedener und glücklicher zu werden.

Ihr Selbstwertgefühl steht in dauerndem Kontakt mit Ihrer Umgebung und pendelt sich regelmäßig neu aus. Dieses hilft Ihnen, Dinge zu verändern und sogar zu verbessern. Kommunikation mit anderen ist ein Bereich, wo Sie Bestätigung und soziale Geborgenheit in Ihrem Umfeld finden.

Wer einen freundlichen Umgang pflegt und ein zuverlässiger Partner ist, bekommt ein positives Feedback, welches ein gutes Selbstwertgefühl hervorruft. Pflegen Sie daher Beziehungen und sehen Sie diese als wichtige Investition.

Persönlichkeitsentwicklung – 4 Stufen

Die Entwicklung der Persönlichkeit, die Verbesserung des Selbstbewusstseins und Selbstwertes bedeuten nicht nur unterschiedliche Dinge, sondern stellen sich auch für jeden Menschen auf unterschiedlich Weise dar. Es gibt die emotionale Freiheit und die Selbstverwirklichung einerseits, sowie momentan gestaltetes Leben andererseits.

Die menschliche Entwicklung lässt sich bedenkenlos in mehrere Stufen unterteilen. Dabei hat jeder Bereich seinen ganz eigenen Charakter. Dieses beschreibt auch David R. Hawkins in seinem Buch „Power vs. Force", in dem er das Bewusstsein eines Menschen in 17 Stufen gliedert.

Es wird beschrieben, wie sich diese Stufen gestalten. In den ersten Stufen stellt sich der Mensch eher unterentwickelt dar. Ganz oben, auf der 17. Stufe angelangt, erwartet ihn die Offenbarung.

Hawkins sagt aber auch ganz deutlich, dass es Menschen gibt, die sich nicht weiterentwickeln und das ganze Leben auf einer Stufe verharren. Es wird nicht geschafft, nur einen Schritt vorwärts zu machen, um eine höhere Stufe zu erlangen. Dafür gibt es folgende Gründe, die sich in 4 Stufen einteilen lassen:

1. Stufe – keine Persönlichkeitsentwicklung

Solche Menschen entwickeln ihre Persönlichkeit nicht weiter und versuchen auch nicht, mehr Selbstbewusstsein und Selbstwert zu erlangen. Es ist dafür gar kein Interesse vorhanden. Sie haben die Denkweise, dass Persönlichkeitsentwicklung nur psychisch kranke oder labile Menschen brauchen, um sich weiterzuentwickeln.

„Normale" Menschen geben nicht gerne zu, dass ihre Persönlichkeit wenig Stabilität besitzt. Damit bauen sie aber eine Barriere auf und verhindern, ihre Glaubenssätze, Werte und Gedanken zu überdenken. Diese Personen werden es niemals schaffen, eine weitere Stufe in der Persönlichkeitsentwicklung zu meistern und mehr Selbstbewusstsein sowie Selbstwert aufzubauen.

Ein solches Verhalten ist durchaus in Ordnung, weil es ihr individuell gewählter Lebensweg ist. Leider wird nicht gesehen, welche Potenziale sie damit verlieren.

Sie bleiben immer in der gleichen sozialen Konditionierung und laufen nur im Kreis. Dahinter steckt aber keineswegs Dummheit.

Selbst bei erfolgreichen, klugen Menschen finden Sie die Denkweise, dass Persönlichkeitsentwicklung nicht nötig ist. Für sie ist dieser Begriff viel zu abstrakt und undurchsichtig.

Ihre Denkweise ist darauf konditioniert, dass sie sich vor Augen führen, was sie noch erledigen müssen, bis alles besser und einfacher wird. Dabei wird leicht übersehen, dass eine solche Denkweise absoluter Selbstbetrug ist. Sie können sich noch so in Ihrem Hamsterrad abstrampeln und Runde für Runde drehen. Von alleine wird sich nichts ändern, auch wenn es im ersten Moment augenscheinlich so aussieht.Erst wenn das Fass zum Überlaufen gebracht wurde, begreifen solche Menschen, dass sich nur etwas ändert, wenn sie selbst etwas ändern. Veränderungen der Umwelt sind das Ergebnis, wenn ein Mensch das Selbstbewusstsein, den Selbstwert, das Selbstvertrauen und damit die Persönlichkeit weiterentwickelt.

Wer das erkennt, kann mehr aus sich machen, aus sich herausholen und erkennt, welches Potenzial in ihm steckt. Diese Erkenntnis ist wie eine Offenbarung und bringt die Person ein ganzes Stück weiter. Es wird die 2. Stufe der Persönlichkeitsentwicklung erreicht.

2. Stufe – passive Persönlichkeitsentwicklung

Auf dieser Stufe wird die Erkenntnis erlangt und damit gestartet, Interesse für das eigene Selbstbewusstsein und den Selbstwert zu entwickeln. Vielleicht wird sogar zu Büchern gegriffen, die das Thema Persönlichkeit, Entwicklung, Selbstbewusstsein, Selbstvertrauen und Selbstwert behandeln.

Lesen und Wissen erlangen und sich mit der eigenen Persönlichkeitsentwicklung zu befassen ist niemals falsch. Doch leider fehlt es am aktiv werden. Darum trägt die zweite Entwicklungsstufe der Persönlichkeit auch die Bezeichnung passive Persönlichkeitsentwicklung. Es gibt nur zahlreiche Informationen, die den Wissensschatz erweitern. Von aktivem Arbeiten an sich selbst sind diese Menschen noch weit entfernt.

Sie geben sich der Hoffnung hin, dass sich bald alles zum Positiven ändert, weil ja der erste Schritt mit neuem, erweitertem Wissen getan wurde.

Entwicklung von mehr Selbstwert und mehr Selbstbewusstsein funktioniert so leider nicht. Erst, wenn diese Menschen begreifen, dass sich nur etwas verändert, wenn sie aktiv werden, wird sich eine Veränderung einstellen. Ab und zu sind solche Personen auch motiviert. Diese ersten Gehversuche gehören trotzdem zur passiven Persönlichkeitsentwicklung. Diese Stufe ist aber das Sprungbrett dafür, endlich aktiv zu werden und mehr Selbstbewusstsein sowie Selbstwert zu erlangen. Mit diesem Sprungbrett gelingt es Ihnen, die 3. Stufe, die aktive Persönlichkeitsentwicklung zu erreichen.

3. Stufe – aktive Persönlichkeitsentwicklung

Jetzt werden Menschen endlich aktiv. Sie verlassen ihre Komfortzone und beginnen Selbstbewusstsein aufzubauen, den Selbstwert zu steigern, Selbstvertrauen und emotionale Stärke zu erlangen sowie glücklich zu werden. Um alle diese Dinge zu erreichen, ist Disziplin sehr wichtig. Diese eigenständige Gewohnheit ist der Schlüssel für mehr Selbstwert, mehr Selbstbewusstsein und die Persönlichkeitsentwicklung.

Damit haben Sie den Startpunkt erreicht, Ihr Wissen und die vielen Informationen zu nutzen.

Aktive Persönlichkeitsentwicklung gestaltet sich sehr schwierig, weil Sie Motivation benötigen, um das Selbstbewusstsein und den Selbstwert zu stärken.

Es kostet Kraft und viel Energie an sich selbst zu arbeiten, da Sie alte, destruktive Gewohnheiten gegen neue positive Gewohnheiten tauschen müssen. Wurde dieser Prozess abgeschlossen, haben Sie die vierte Stufe der Persönlichkeitsentwicklung erreicht.

4. Stufe – Bewegung

Auf der 4. Stufe der Persönlichkeitsentwicklung haben Sie den Punkt erreicht, wo alles in Bewegung kommt und sich Eigendynamik einstellt. Der Kampf, den Sie auf den ersten drei Stufen durchlebt haben, wendet sich zum Positiven und bereitet Ihnen sogar Freude.

Denn Sie haben die Erkenntnis und das Wissen erlangt, dass Sie für Ihr eigenes Selbstbewusstsein, Selbstvertrauen, den Selbstwert und die Persönlichkeit verantwortlich sind.

Aufgrund Ihrer Disziplin sind Sie in der Lage, mit Leichtigkeit neue Gewohnheiten anzunehmen. Dabei decken sich die Anforderungen mit Ihren eigenen Fähigkeiten und Stärken. Sie erleben ein tolles Glücksgefühl und spüren innere Zufriedenheit.

Alles ist in Bewegung und im Fluss, wenn es Ihnen gelungen ist, die mentalen, spirituellen, emotionalen und psychischen Herausforderungen zu meistern.

Auf einmal ergeben sich Zufälle in Ihrem Leben, in denen Sie sich automatisch richtig entscheiden.

Genauso treffen Sie im richtigen Moment auf Menschen, die genau zu Ihnen passen. Alles läuft einfach synchron!

Erschaffen Sie sich neu und schreiben Sie Ihre eigene Geschichte

Die eigene Persönlichkeit wird durch Selbstbewusstsein und Selbstwert untermauert. Sie hat aber viele weitere Facetten und sorgt dafür, dass Sie sich täglich verbessern, innere Stärke gewinnen, Stabilität erlangen und auch flexibel werden. Dabei stehen folgende Punkte im Vordergrund, die sehr eng mit Selbstbewusstsein und Selbstwert verbunden sind. Durch die Entwicklung Ihrer Persönlichkeit wollen Sie:

1. stärker und stabiler werden

2. Schwierigkeiten besser meistern

3. unabhängiger werden und dabei freundlich sein

4. offener werden, ohne anderen Angriffsfläche zu bieten

5. eine kontinuierliche Weiterentwicklung und neue Kenntnisse erlangen

6. besser Probleme, Ärger und Stress bewältigen

7. Ihre Kräfte sinnvoll und effektiv nutzen

Die Liste gestaltet sich lang und sieht nach verdammt viel Arbeit aus. Doch Sie brauchen jetzt keinen Rückzieher zu machen, weil Sie Schritt für Schritt Veränderungen herbeiführen, um mehr Selbstbewusstsein zu erlangen, Ihren Selbstwert zu erkennen und Ihre Persönlichkeit weiterzuentwickeln.

Stabilität und Stärke fördert das Selbstbewusstsein

Neben dem, was Sie bereits in den Genen haben, lässt sich Ihr Selbstbewusstsein zusätzlich stärken. Überlegen Sie einmal, wie stabil Ihre Grundlage bei verbalen Angriffen, Stress, Beleidigungen und Ärger ist. Wenn Sie an dieser Stelle einmal genauer hinhören, stellen Sie schnell fest, dass Sie vielleicht gar nicht so gut damit umgehen können und sehr empfindlich reagieren. Gerade solche Situationen zeigen Ihnen, dass Ihr Selbstbewusstsein, Ihr Selbstwert und das Selbstvertrauen nur Fassade ist. Die negativen Gefühle haben Sie innerlich komplett im Griff. Um diese zu verändern, helfen positive Gedanken und die Erkenntnis, dass selbst negative Dinge auch eine positive Seite haben und Sie in Ihrer Persönlichkeitsentwicklung weiterbringen. Um widerstandsfähiger zu werden, lohnen sich unterschiedliche Entspannungsmethoden, genauso wie Meditation. Dabei gehen Sie in sich, sprechen mit sich selbst und lokalisieren, was sie ärgert, auf die Palme bringt und wie diese Dinge Ihr Leben beeinflussen.

Schwierigkeiten besser meistern

Wichtig ist, dass Sie Verdrängungsstrategien vermeiden, wenn Sie Schwierigkeiten besser meistern möchten. Damit lernen Sie, besser mit Schwierigkeiten umzugehen sowie Stress und Ängste zu bewältigen. Nutzen Sie die direkte Konfrontation, um eine gestärkte Persönlichkeitshaltung aufzubauen und damit Ihr Selbstbewusstsein zu stärken.

Unterschätzen Sie dabei nicht die Wirkung, die Sport und Yoga haben können. Denn in einem starken Körper steckt auch ein starker Geist. Indem Sie an Stärke zulegen, werden Sie unabhängig von der Meinung anderer und erlangen mentale Stärke, die eng mit der Persönlichkeitsentwicklung verbunden ist.

Unabhängiger werden und dabei freundlich sein

Freunde sind gleichzeitig auch große Feinde, wenn es darum geht, sich zu verändern, Selbstbewusstsein aufzubauen und die Persönlichkeit weiterzuentwickeln. Sie verbringen nämlich nicht nur die schönsten Momente mit Ihnen, sondern Sie sind auch gleichzeitig ihrem Einfluss ausgesetzt.

Täglich machen Sie Dinge, nur um anderen zu gefallen und stellen dabei Ihre eigenen Wünsche, Ziele, Absichten und Träume auf das Abstellgleis. Im Extremfall kann Manipulation sogar ungeahnte Dimensionen annehmen, wenn diese dazu genutzt wird, um Sie klein zuhalten. Freunde stellen vielfach ein Hemmnis bei der Entwicklung des Selbstbewusstseins, mentaler Stärke, Selbstvertrauen und Selbstwert dar, auch wenn es nicht immer offensichtlich ist. Für dieses Problem gibt es aber eine einfache Lösung. Lernen Sie Grenzen zu ziehen und das kleine Wort „Nein" in Ihrem Sprachgebrauch öfter zu verwenden.

Zeigen Sie Ihrem Umfeld durch klare Kommunikation Ihre Regeln und Ziele auf. Damit erreichen Sie, dass Ihr Umfeld Sie ernst nimmt. Freunde, die Ihren Schritt ernst nehmen, werden Sie motivieren. Diejenigen, die Ihre Ziele nicht verstehen, haben in Ihrem Umfeld nichts zu suchen und werden sich von ganz alleine distanzieren.

Offener werden, ohne anderen Angriffsfläche zu bieten

Die Art der Kommunikation, die Sie führen, bedeutet nicht nur Offenheit, sondern bietet anderen Angriffsfläche, um Sie daran zu hindern, selbstbewusster zu werden und mehr Selbstvertrauen aufzubauen. Offenheit und Vertrauen stehen dabei eng nebeneinander und sorgen neben einzigartigen Erlebnissen auch für Verletzbarkeit und Enttäuschung.

Um sich gegen solche Angriffe zur Wehr zu setzen, ist es lohnenswert, die Anfeindungen und Angriffe positiv zu werten. Damit stärken Sie nicht nur Ihr Selbstbewusstsein, sondern finden heraus, welche Menschen hinter Ihnen stehen und dabei behilflich sind, dass Sie Ihrem Ziel ein Stück näher kommen. Dadurch erlangen Sie Stabilität, machen ganz neue Erfahrungen und nehmen negative Dinge deutlich leichter.

Kontinuierliche Weiterentwicklung und neue Kenntnisse erlangen

Die Offenheit und damit verbundenen Erlebnisse lassen sich deutlich verstärken, wenn Sie mehr Wissen aufbauen, neue Fähigkeiten erlernen und stärken. Persönlichkeit, Selbstbewusstsein und Selbstwert entwickeln sich parallel mit dem Wissen darum, dass Sie bestimmte Dinge sehr gut machen.

Es muss dabei keine große Sache sein, die jeder mitbekommt. Auch die kleinen Dinge gehören zur kontinuierlichen Weiterentwicklung. Es gibt niemanden auf der Welt, der alles weiß und alles kann. Das brauchen Sie von sich selbst auch nicht zu erwarten. Ihre Persönlichkeit macht die unvollkommene Vollkommenheit aus. Seien Sie sich dessen immer bewusst.

Öffnen Sie sich für neues Wissen und entwickeln Sie ein Gefühl für Ihre Erfahrungen. Dadurch erleben Sie Situationen auf eine neue Art und Weise, die Ihren Horizont erweitern.

Da Weiterentwicklung aber mit Veränderungen verbunden ist, wird sich schon bald der innere Schweinehund als starker Gegner aufstellen.

Doch eigentlich ist er gar nicht so stark, wie er sich aufspielt und lässt sich recht einfach in seine Schranken weisen.

Ein kleines Beispiel:

Stellen Sie sich einfach vor, dass Ihre Willenskraft ein Muskel ist, der durch hartes Training wächst. Sie starten mit einfachen Übungen wie beispielsweise 10 Menschen am Tag lächelnd gegenüberzutreten.

Nutzen Sie Erfolge in kleinen Dingen als Motivator, um an schwere Dinge heranzugehen und über sich hinauszuwachsen. Die Willenskraft ist schließlich ein so starker Muskel, der Sie dazu bewegt, alles anzupacken, was Sie sich vorgenommen haben. Ihre ganz persönliche Entscheidung ist dafür zuständig, ob Sie der Mensch sein können, der Sie immer sein wollen.

Besser Probleme, Ärger und Stress bewältigen

Beim Bewältigen von Stress, Ärger und Problemen werden Sie auf Hindernisse stoßen. Nicht nur Sie merken die Veränderung. Anderen bleibt sie auch nicht verborgen, sodass ganz automatisch Reibungspunkte und Spannungen auftauchen.

Sie können sich zwar aus der Schusslinie herausnehmen. Doch der richtige Ansatz für die Bewältigung von Problemen ist das nicht.

Im Streit neigen Menschen dazu, den gegenüber zu beschuldigen. Dabei passiert es auch, dass andere Umstände für die eigene Situation verantwortlich gemacht werden. Damit geben Sie die Verantwortung ab und begeben sich in ein Hamsterrad.

Als absolute Krönung von mehr Selbstwert und mehr Selbstbewusstsein ergibt sich aus der Erkenntnis, selbst verantwortlich für das eigene Leben zu sein. Wenn Sie dieses erreicht haben, ist Ihnen klar, dass:

- Sie selbst die Probleme geschaffen haben
- Ihre eigene Einstellung mitunter suboptimal ist
- nachdenken über kritische Situationen lohnenswert ist

Damit umgehen Sie zwar keine Probleme, haben aber das Wissen darüber, dass es für jedes Problem eine Lösung gibt, die Sie vielleicht sogar schon kennen.

Ihre Kräfte sinnvoll und effektiv nutzen

Indem Sie Situationen nicht mehr als Problem oder Hindernis betrachten, geschieht etwas ganz Besonderes. Sie entwickelt unglaubliche Kräfte, die Sie ganz bewusst dafür nutzen können, um wieder ein Stück weit vorwärts zu gehen. Sie haben das Selbstbewusstsein, den Chef für Ihre Leistungen nach einer Gehaltserhöhung zu fragen oder das Selbstvertrauen, das andere Geschlecht anzusprechen.

Werden Sie sich Ihrer Stärken und Fähigkeiten, genauso wie Ihren Schwächen bewusst. Damit lässt sich hervorragend an mehr Selbstvertrauen, mehr Selbstbewusstsein, mehr Selbstwert und einer stärkeren Persönlichkeit arbeiten. Primär sind es sicherlich die Erfolge, die Sie weiter antreiben. Doch das oberste Ziel ist Ihre Persönlichkeit, die Sie mit jeder Faser Ihres Körpers leben.

Mentale Stärke trainieren und emotional gefestigt werden

Emotionale Stärke bekommt der Mensch nicht in die Wiege gelegt, sondern erlangt er durch die Persönlichkeitsentwicklung. Daher ist sie trainierbar und lässt sich auch weiter ausbauen. Dieses gelingt Ihnen, indem Sie sich ganz bewusst Unbequemlichkeiten und unangenehmen Situationen aussetzen.

Das mag vielleicht absurd klingen, weil Sie damit Ihre geliebte Komfortzone verlassen müssen. Es ergibt aber durchaus einen Sinn, wenn Sie mehr Selbstbewusstsein erlangen möchten.

Mentale Stärke bedeutet, dass Sie eine andere Sichtweise erlangen und aus einem anderen Blickwinkel heraus die Welt betrachten. Dieses wird als Antifragilität bezeichnet.

Nassim Taleb hat sich ausgiebig damit beschäftigt und festgestellt, dass Antifragilität ein Ausgangspunkt der Evolution und Natur ist.

Dieses können Sie in seinem gleichnamigen Buch nachlesen. Dementsprechend gestaltet es sich mit fragilen Dingen so, dass sie Druck nicht standhalten. Antifragile Dinge wiederum gewinnen, wenn sie Dynamik und Veränderlichkeit ausgesetzt werden.

Im Spektrum Ihrer Gedanken verstehen Sie leicht, was Fragilität bedeutet. Doch wenn Sie den Versuch starten, über das Gegenteil nachzudenken und sich dieses vorzustellen, stoßen Sie auf Unverständnis. Für den Begriff Veränderlichkeit finden Sie nicht direkt eine Umschreibung. Im Vergleich mit einem Gegenstand könnte die Bezeichnung „stabil" lauten. Diese Antwort ist aber nicht ganz richtig, auch wenn ein stabiler Gegenstand eine grobe Behandlung besser übersteht als ein fragiles Bild. Dementsprechend stellt es sich nicht als Antithese dar. Es erfolgt keine Bereicherung durch die negativen Umstände.

Die Bereicherung bzw. der veränderte Blickwinkel auf die Welt entsteht durch eine grobe Behandlung. Denn Sie verschicken ein Paket mit zerbrechlicher Ware mit der Aufschrift „Bitte grob behandeln".

Die Definition fällt auch deshalb so schwer, weil die unterschiedlichen Sprachen kein passendes Wort dafür haben. Daher wird für Veränderungen, die aus Veränderlichkeit und Dynamik entstehen, die Bezeichnung antifragil verwendet.

Ein kleines Beispiel:

Sie kennen aus der griechischen Mythologie Hydra, die vielköpfige Schlange. Wurde ihr mit einem Schwerthieb ein Kopf entfernt, wuchsen an genau dieser Stelle zwei neue Köpfe nach. Jede Verletzung, die die Hydra erlitten hat, war für sie ein Profit und damit antifragil.

Ähnlich gestaltet es sich mit den Widerstandskräften des Menschen. Denn jede Situation, die Ihnen kurzfristig den Boden unter den Füßen wegreißt und Sie verletzt führt dazu, dass Sie Ihre mentale und emotionale Stärke weiter ausbauen.

Nachdem Sie sich kurzzeitig Ihre Wunden geleckt haben, kehren Sie genauso wie der Phönix aus der Asche deutlich stärker ins Leben zurück.

Dementsprechend liegt es in der Natur der Dinge, dass zuerst etwas passieren muss, das Ihre Sichtweise in den Grundmauern erschüttert, bevor Sie in der Lage sind, eine neue Sichtweise auf Ihre Person und die Umwelt zu erlangen.

Für mentale Stärke
Unbequemlichkeiten bewusst wählen

Es gibt viele verschiedene Beispiele, wo sich Menschen Unbequemlichkeiten aussetzen, um mentale Stärke zu trainieren. Dazu gehören beispielsweise die Einzelkämpfer bei der Bundeswehr oder die amerikanische Eliteeinheit, die Navy-Seals. Sie üben ihre Einsätze unter sehr schwierigen Bedingungen, um in Extremsituationen im Ernstfall optimal agieren zu können. Sie überwinden Angst und bauen damit mentale Stärke auf.

Ein wichtiger Leitspruch lautet daher: *„Verliere Deine Angst davor, abgelehnt zu werden und baue mentale Stärke auf."*

Der Satz hört sich gut an. Letztendlich bedeutet er, dass Sie Ihre Angst überwinden, indem Sie sich der Konfrontation mit Ihrer Angst auf Ablehnung in der Realität stellen. Doch wie bewerkstelligen Sie das? Verlassen Sie Ihre Komfortzone. Damit erreichen sie, dass Sie über sich hinauswachsen.

Kraft aus der Ruhe schöpfen

Haben Sie schon einmal etwas über stoische Ruhe gehört? Über sogenannte Stoiker gibt es eine Vielzahl von Annahmen wie beispielsweise, dass sie sich einem Leben ohne Emotionen hingeben. Doch glauben Sie nicht alles, was im Bezug auf Stoizismus zu hören und zu lesen ist. Stoische Ruhe bieten Ihnen Techniken, die Sie sehr wirksam zu einem erfüllten Leben führen.

Wer sich dazu entscheidet, stoische Prinzipien ins Leben mit aufzunehmen, spürt eine unbeschreibliche Dankbarkeit und sieht viele Dinge nicht mehr als Selbstverständlichkeit an. Damit gelingt es Ihnen, Ihre Komfortzone zu erweitern und gleichzeitig dem eigenen Leben mit Dankbarkeit gegenüberzutreten.

Die stoische Lehre mag vielleicht für manche wie eine gewisse Art von Masochismus klingen. Eigentlich ist es aber genau das Gegenteil. Denn es geht nicht darum, sich selbst zu bestrafen, sondern um mehr Dankbarkeit und Lebensfreude zu empfinden.

Der Stoiker schätzt sogar ein gewisses Maß an Unbequemlichkeit, weil er das Wissen darum hat, dass er daran wächst und mentale Stärke gewinnt. Wer also lernt, sich kleinen Unbequemlichkeiten hinzugeben, erlangt das Selbstbewusstsein, welches er braucht, um sich größeren Herausforderungen zu stellen. Damit erlangen Sie mentale Stärke, um Ihre Persönlichkeit weiterzuentwickeln.

Unbequemlichkeiten stellen viele Vorteile bereit. Denn im Ernstfall ergibt sich eine hohe Toleranz gegenüber Unannehmlichkeiten, die Ihnen durch Ihr starkes Selbstbewusstsein bereitgestellt wird. Da keiner vor unangenehmen Situationen gefeit ist, werden immer wieder Hindernisse auftauchen.

Nutzen Sie doch diese Stolpersteine auf Ihrem Weg, um etwas Neues zu erschaffen.

Gehen Sie gelassen und lösungsorientiert an solche Situationen heran und seien Sie dankbar. Der größte Faktor für ein glückliches Leben ist Dankbarkeit, weil dankbare Menschen immer genug davon haben. Sie verhindert Angst, da beide nicht nebeneinander existieren können.

Dankbarkeit gibt es ohne Gegenleistung. Sie bekommen diese einfach geschenkt.

Worauf begründet sich Ihre Angst? Es ist die Person, die Sie gerne sein möchten und die Sie sind. Keine Angst zu empfinden, ist die Fähigkeit, mutig zu sein und trotz Angst sich vorwärtszubewegen. Wenn Sie immer nach dem gleichen Schema handeln, wird sich nichts verändern. Sie bekommen nur das, was Sie bisher immer bekommen haben.

Zitat: „Das Leben beginnt erst außerhalb der Komfortzone." Neale Donald Walsh

Dementsprechend sollten Sie sich freiwillig auf Unannehmlichkeiten einlassen und Ihre Komfortzone verlassen. Mit Willenskraft überwinden Sie Ihren inneren Schweinehund und entwickeln mentale Stärke. Es gibt schöne Beispiele, um mentale Stärke zu erlangen und Widerstandsfähigkeit zu erreichen. Dabei verändern Sie Gewohnheiten, die Ihnen Freude bereiten und verlassen dabei Ihre Komfortzone.

- stellen Sie Ihre Ernährung auf intermittierendes Fasten um und verzichten Sie auf das Frühstück.
- tauschen Sie Ihr kuschelig warmes und weiches Bett gegen einen harten Schlafplatz auf dem Fußboden.
- anstatt morgens heiß zu duschen, duschen Sie mit kaltem Wasser.
- nutzen Sie einige Tage eine monotone Ernährung und essen Sie beispielsweise nur Reis und Bohnen.

Sie werden sich wundern, welchen Einfluss solche Veränderungen haben. Plötzlich empfinden Sie große Dankbarkeit für die Dinge im Leben, die eigentlich als selbstverständlich gesehen werden.

Bequemlichkeit ist der Grund, warum Menschen die Komfortzone nicht verlassen wollen. Dabei fehlt es nicht an immer mehr Informationen oder an mehr Lebensfreude. Vielmehr ist es die Dankbarkeit, die abhandengekommen ist. Menschen lassen sich von Freude leiten und geben dem inneren Schweinehund nach.

Das ist die dunkle, bedrohliche Seite, die das Selbstbewusstsein, den Selbstwert, das Selbstvertrauen und damit der Persönlichkeitsentwicklung im Wege steht.

Natürlich sollen Sie sich belohnen und sich etwas gönnen. Doch Ihr Verlangen kann zu einem bösartigen Geschwür mutieren, wenn Sie nicht genau aufpassen. Der Meister wird dabei zum Sklaven. Es wird begonnen über das Hier und Jetzt, genauso wie über Morgen zu klagen. Dabei verlieren Sie den Blick für den Moment, für den Sie dankbar sein und den Sie wertschätzen sollten.

Mehr Selbstbewusstsein und Selbstwert – 8 praktische Tipps

Mit dem eigenen Selbstbewusstsein und dem eigenen Selbstwert ist das immer so eine Sache, da mehr von beidem auch Veränderungen mit sich bringt. Doch die positive Wirkung, die innere Stärke und das Akzeptieren von allen Dingen, die zu Ihnen gehören, machen Sie zu einem neuen Menschen, der seine Persönlichkeit weiterentwickelt.

Ja! Es ist auch mit Arbeit verbunden. Mit dem Wissen um die richtigen Werkzeuge, gelingt es Ihnen, Potenziale in Ihnen zu wecken. Dabei helfen Ihnen die nachfolgenden Praxistipps, die Sie ab jetzt öfter in Ihrem Alltag nutzen sollten. Ganz wichtig: Haben Sie Spaß dabei!

1. Lächeln ist die beste Medizin

Die einfachste und schnellste Methode, um sich selbst ein positives Gefühl zu geben und damit mehr Selbstbewusstsein zu erlangen ist Lächeln. Denn Ihr Geist ist eng mit Ihrem Körper verbunden und beeinflusst sich gegenseitig. Wenn ein gutes, selbstbewusstes Gefühl vorhanden ist, entsteht ganz automatisch ein fröhlicher Gesichtsausdruck mit einem Lächeln auf den Lippen.

Versuchen Sie auch unangenehmen Situationen oder Tagen, an denen Sie sich nicht gut fühlen, mit einem Lächeln zu begegnen. Schnell werden Sie spüren, dass sich eine Veränderung einstellt. Ihr bisher negatives Gefühl wird abgeschwächt oder verschwindet komplett. Dabei stellt sich mehr Selbstsicherheit ein, da Sie Ihren Selbstwert mit anderen Augen betrachten.

Eng damit verbunden ist eine neue Sichtweise der Dinge, die Sie durch positives Denken beeinflussen, ganz gleich, wie schwierig sich die Situation gerade darstellt. Positives Denken lässt sich lernen. Dabei spielt Alter keine Rolle.

Um negative Gedanken aus Ihrem Kopf zu verbannen, sollten Sie nach und nach diese Gedanken zu Positiven verwandeln und die Wahrnehmung der Umwelt positiv betrachten.

Doch warum ist positives Denken so wichtig, um mehr Selbstbewusstsein zu erlangen und den Selbstwert zu steigern? Es gibt genug Menschen, die glauben, dass positive Denkweisen Quacksalberei ist. Denn positives Denken beruht nur auf der Einbildung und dient dazu, die Realität nicht klar zu sehen. Grundsätzlich sollte der Realität ins Auge geblickt und negative Dinge wahrgenommen werden, so wie sie sich darstellen. Grundsätzlich ist diese Aussage richtig.

Wer positives Denken falsch nutzt, erlebt eine negative Wirkung der eigentlich positiven Gedanken, weil krampfhaft der Versuch gestartet wird, negative Dinge durch die rosarote Brille zu sehen, weil man diese nicht wahrhaben möchte. Genau das sollen Sie nicht machen. Verdrängen bringt Sie kein Stück weiter. Dabei wird nur unnötig Energie verschwendet.

Der richtige Weg ist daher, Situationen erst einmal so zu akzeptieren, wie sie sind. Von diesem Standpunkt aus lässt sich die Aufmerksamkeit auf die positiven Aspekte der jeweiligen Situation lenken.

Damit entwickeln Sie ein Stück weit Optimismus, der zu positivem Denken führt. Sie entscheiden sich für die positiven Dinge der sich negativ darstellenden Situation und haben damit einen guten Ausgangspunkt geschaffen.

Prinzipiell funktionieren eine positive Einstellung und die damit verbundene positive Denkweise nur, wenn Sie sich nicht vor der Realität drücken und nicht krampfhaft versuchen, diese auszublenden. Sie müssen die Situationen annehmen und die Möglichkeiten erkennen, die sich dadurch für Sie ergeben. Damit schaffen Sie eine Veränderung und nehmen die Dinge in einem positiven Licht wahr. Wie schaffen Sie es, im ersten Schritt eine Situation zu akzeptieren? Die Antwort lautet: Eine Wahl gibt es für Sie nicht! Nehmen Sie Situationen sind so, wie sie sind.

Die Welt verändern Sie nicht, weil Sie gar keinen Einfluss darauf haben, egal, was Sie anstellen. Es wird sich nichts verändern. Sie verschwenden nur kostbare Energie, die Sie viel sinnvoller für eine positive Denkweise nutzen sollten. Akzeptieren Sie die Situation und behalten Sie im Gedächtnis, dass Sie mit negativen Gedanken keinen Schritt weiterkommen.

Übung: Machen Sie sich Gedanken darüber, was gerade gut an dieser Situation, dem Ort oder dem Moment ist. Damit wecken Sie Ihre Achtsamkeit, halten inne, atmen tief durch und lassen Ihre Gefühle wirken. Es kristallisiert sich heraus, was an dieser Situation, dem Moment oder dem Ort so besonders für Sie ist. Nutzen Sie Ihre Energie zum Fokussieren und fühlen Sie, wie sich das positive Gefühl entwickelt.

Diese Übung hat den Fokus, gute Dinge im Leben zu erkennen, auch in negativen Situationen. Führen Sie die Übung regelmäßig durch. Mit der Zeit entsteht ein Automatismus in Ihrem Unterbewusstsein, sodass ganz automatisch positive Gedanken entstehen, egal wie schwierig die

Situation auch gerade ist. Wie auf Autopilot konzentrieren Sie sich auf das Positive und generieren dadurch positive Gedanken.

2. Reflektieren Sie Ihre Verhaltensmuster und stärken Sie Ihre Körperhaltung

Die kontinuierliche Optimierung der Persönlichkeit kann in einen regelrechten Wahn ausarten. Denn durch die Gesellschaft wird Ihnen ein bestimmtes Selbstbild vorgegeben, welches vielleicht gar nicht Ihrem persönlichen Lebensstatement entspricht. Trotzdem macht sich das Gefühl breit, dass Sie Ihre Verhaltensweisen kritisch betrachten und überdenken müssen. Die Verpflichtungen aus der Gesellschaft und die eigene Verhaltens- und Denkweise lastet schwer auf den eigenen Schultern, weil Sie glauben, es allen recht machen zu müssen.

Aus dieser seelischen Belastung können schnell auch körperliche Symptome entstehen, die Ihre Lebensqualität nachhaltig beeinflussen.

Belastungen nagen an Ihrem Selbstbewusstsein und Ihrem Selbstwert. Doch vielfach sind Ihre Sorgen und Nöte hausgemacht.

An dieser Stelle sollten Sie mit Selbstreflexion den Überprüfungsprozess Ihrer Verhaltensweisen und Persönlichkeit anstoßen, bevor Sie versuchen, Ihr Verhalten und Ihre Denkweise zu optimieren.

Schauen Sie genauer hin. Dabei steht nicht die vermeintlich schlechte Denk- und Verhaltensweise im Vordergrund. Schauen Sie, ob es an diesem Verhalten und Denken eine positive Seite gibt.

Sie beäugen nicht mehr nur eine Seite der Medaille, sondern betrachten auch die andere Seite. Dabei haben Sie die Möglichkeit, sich beider Aspekte bewusst zu werden. Es ergibt sich eine gute Grundlage für Entscheidungen, die das Verhalten und die Denkweise beeinflussen.

Durch ein stabiles Selbstbewusstsein erlangen Sie eine höhere Flexibilität, die Sie beim Umgang mit sich selbst und Ihrer Umwelt unterstützt. Stellen Sie Ihre Persönlichkeit nicht unter den Scheffel, sondern präsentieren Sie Ihr Selbstbewusstsein mit Ihrer Körperhaltung.Aufrechter Gang, Kopf nach oben, Blick geradeaus und Schultern nach hinten ist eine perfekte Möglichkeit, Ihre Persönlichkeit darzustellen. Durch eine starke Körperpräsenz verbessern Sie Ihre Ausstrahlung und zeigen Selbstsicherheit.

Sie wirken größer und stärker und werden als Fels in der Brandung empfunden.

Es gibt aber auch Situationen, wo Sie ruhig den Blick zum Boden wenden können und eine leicht gebückte Körperhaltung einnehmen dürfen. Körpersprache ist das Spiegelbild Ihrer Seele und Ihren Empfindungen. Damit können Sie, genauso wie mit der Körperhaltung, vieles zum Ausdruck bringen. Hinterfragen Sie immer, warum Sie sich so Verhalten und warum Sie eine bestimmte Körperhaltung einnehmen.

Haben Sie darauf eine Antwort gefunden, wissen Sie, wofür Ihr Verhalten gut ist und können etwas ändern. Hören Sie nicht auf andere, sondern nur auf sich selbst. Nur Sie wissen genau, was Ihnen gut tut und was nicht.

Ihr Glaube an sich selbst führt dazu, dass Sie genauer auf Ihre innere Stimme hören und sich besser fühlen. Damit kommen Sie Ihrem Selbstbewusstsein und Ihrem Selbstwert ein ganzes Stück näher und haben die Chance, beides zu steigern.

In Ihrem Leben sind Sie der Maßstab und kein anderer. Daher führt der Weg zu einem besseren

Selbstbewusstsein immer in die Richtung, dass Sie sich besser verstehen und fühlen lernen.

Sie finden würdige Lösungen und entdecken dabei Fähigkeiten, die Ihr Leben schöner machen.

3. Entdecken Sie Ihren eigenen Wert

Sie können sich damit beschäftigen, in welchen Situationen Sie sich wertlos gefühlt haben und darüber nachdenken, warum dieses Gefühl eingetreten ist. Damit haben Sie einen Ausgangspunkt geschaffen, der die Frage aufwirft, wie sich diese Situation darstellen müsste, damit Sie sich wertvoll fühlen.

Gerade, wenn es Ihnen an Selbstwert fehlt, ist das genau der richtige Ansatzpunkt. Herauszufinden gilt dabei, wo Sie sich selbst oder andere Menschen die Wichtigkeit Ihrer Persönlichkeit einfach übergehen.

- welche Maßnahmen ergreifen Sie in Ihrem Leben, um Ihren eigenen Bedürfnissen und Ihrer Person die Wichtigkeit zu geben?
- welche kleinen Schritte führen dazu, dass Sie mehr Selbstbewusstsein und eine höhere Wertigkeit erlangen?
- welches Verhalten anderer Menschen suggeriert Ihnen ein minderwertiges Gefühl?

- was können Sie dafür tun, um von anderen Menschen als wichtig und wertvoll gesehen zu werden?

Indem Sie selbst zu sich stehen, steigern Sie Ihr Selbstwertgefühl. Selbstkritik ist gut und schön. Sie darf aber nicht zur Selbstablehnung und geringer Wertschätzung führen. Großen Einfluss auf den Selbstwert hat beispielsweise die Werbung. Schlanke Models, Männer mit gestärkten Muskeln und Waschbrettbauch sowie glücklich strahlende Menschen suggerieren ein glückliches, zufriedenes Leben.

Schon in jungen Jahren manifestiert sich in den Gedanken ein Trugbild. Dieses führt dazu, dass Sie sich selbst schlecht und wertlos fühlen. Das Umfeld macht es nicht besser.

Sie bekommen negative Meinungen zu Ihrer Person, Ihrem äußeren Erscheinungsbild und Ihrem Körper geliefert, die das Selbstwertgefühl negativ beeinflussen. Machen Sie sich immer klar, dass jeder Mensch wertvoll ist.

4. Verbessern Sie Ihr Körpergefühl für mehr Selbstbewusstsein und Selbstwert

Starke, selbstbewusste und zielgerichtete Menschen haben eine enorme Energie und bewegen sich energiegeladen Ihren Zielen entgegen. Sie wissen, wohin Ihr Schiff fahren soll und haben großes Vertrauen zu sich selbst. Dieses fehlt Menschen, die ziellos sind, Ihren Selbstwert unterschätzen und wenig Selbstbewusstsein haben.

Aus der Ziellosigkeit kommen Sie heraus, wenn Sie anfangen sich zu bewegen. Damit ist wortwörtlich gemeint, dass Sie beim Gehen einen Gang höher schalten. Durch mehr Bewegung werden Sie automatisch aufgemuntert, erlangen Energie, fühlen sich wichtiger und selbstbewusster. Gehen Sie schneller mit zielgerichteten Schritten und einem klaren Blick vorwärts.

Eine Steigerung zum Gehen ist Sport treiben. Damit machen Sie nicht nur etwas für Ihre Gesundheit, sondern stärken Ihr eigenes Körpergefühl. Gerade wenn ein Energieloch vorhanden ist, sollten Sie den inneren Schweinehund überwinden, die Sporttasche packen und sich richtig auspowern.

Danach fühlen Sie sich deutlich besser und energiegeladener. Es stellt sich Lebenslust ein, sodass Sie Ihren Aufgaben mit Schwung entgegentreten. Sport ist nicht nur für den Körper gut, sondern beeinflusst auch die seelische Verfassung, genauso wie den Gemütszustand. Denn die dabei ausgeschütteten Endorphine stellen ein angenehmes Glücksgefühl bereit. Sie sind glücklich und können sich auf die Schulter klopfen, weil Sie am heutigen Tag etwas für sich gemacht haben. Besser kann es doch gar nicht laufen!

5. Nutzen Sie Plätze in der ersten Reihe
Gewinner stehen auf dem Siegertreppchen ganz oben. Und genau dieses Siegertreppchen ist Ihre Persönlichkeit, die Sie mit Selbstbewusstsein und der richtigen Einschätzung Ihres Selbstwertes darstellen. In der Schule, im Hörsaal von Universitäten, in Besprechungsräumen oder bei Meetings wird sich gerne ein Platz in der hintersten Ecke und Reihe ausgesucht, um nur nicht aufzufallen. Sie bleiben lieber unsichtbar und wollen nicht wahrgenommen werden.

Menschen, die solche Plätze wählen, haben nur sehr wenig Selbstbewusstsein und scheuen sich davor, eine der drei Stufen des Siegertreppchens einzunehmen. Sie würden ja genau in diesem Moment im Rampenlicht stehen und könnten sich nicht mehr verstecken.

Machen Sie sich sichtbar für andere und zeigen Sie den Menschen nicht nur, dass Sie da sind. Überzeugen Sie mit Ihrer Präsenz.Dieser Schritt mag Ihnen vielleicht Angst machen. Doch diese Angst ist irrational und lässt sich überwinden.

Hat eine Veranstaltung beispielsweise schon angefangen, wählen Sie trotzdem einen Platz in der ersten Reihe. Damit bewirken Sie, dass andere auf Sie aufmerksam werden und Sie wegen Ihres Selbstbewusstseins bewundern.

Damit stärken Sie Ihr Selbstvertrauen, zeigen, dass Sie etwas Besonderes sind und stellen Ihre Persönlichkeit zur Schau.

6. Nutzen Sie die Sprache, um sich mitzuteilen

Es ist erstaunlich, wie wenig Menschen über Ihre Wünsche, Träume, Visionen und Ihre Ziele sprechen. Betrachten Sie einmal starke, ausgeprägte Persönlichkeiten genauer und hören Sie zu, was diese Menschen zu sagen haben. Sie geben ein klares Statement ab und stehen dahinter.

Leider fehlt es vielen Menschen an diesem Schneid, weil sie befürchten, dass andere Sie für Ihre Meinung, Ihr Denken und Handeln verurteilen.

Darum wird vielfach nur da gesessen und nichts gemacht. Die Angst, ein falsches Bild abzugeben, wird völlig überbewertet. Die Menschen, die sich in Ihrem Umfeld befinden, sind offener als Sie vielleicht denken.

Sie schlagen sich sehr wahrscheinlich genau mit der gleichen Angst herum wie Sie selbst und sind sehr froh darüber, wenn Sie die Initiative ergreifen und Ihre Gedanken zum Ausdruck bringen. Es gibt keine dummen Fragen, nur dumme Antworten.

Wer weiterkommen und sein Selbstbewusstsein stärken möchte, sollte den Mund aufmachen und die Gedanken in Worte fassen.

Für Ihre Gedanken, Ideen, Visionen und Ihre Meinung werden Sie nicht gleich in den Kerker gesperrt. Vielmehr demonstrieren sie damit die Persönlichkeit, die in Ihnen steckt.

Worte haben eine gewaltige Kraft und setzen unbeschreibliche Energien frei. Ein tolles Beispiel dafür ist die berühmte Rede von Martin Luther King „I have a dream" die der schwarze Bürgerrechtler am 28. August 1963 anlässlich des Marsches auf Washington vor 250.000 Menschen am Lincoln Memorial gehalten hat.

Es ging dabei um Freiheit und Arbeit für schwarze Minderheiten. Die mächtigen Worte standen nicht in seinem Manuskript, sondern waren seine Vision von der Zukunft, die er den Menschen mitgeteilt hat.

7. Nehmen Sie sich nicht so ernst und bereichern Sie die Welt

Selbstbewusste Persönlichkeiten nehmen sich selbst nicht so ernst und können sehr gut über sich selbst lachen. Denn sie haben das Selbstbewusstsein und die mentale Stärke, zu ihren Schwächen und Fehlern zu stehen und wissen genau um ihre Stärken. Sie vertrauen auf sich selbst und kennen ihren Selbstwert.

Aus dieser einzigartigen Kombination heraus, nehmen sie Dinge, die Sie nicht verändern können, als gegeben hin. Dinge, die sie verändern können, versuchen sie so zu verändern und zu beeinflussen, dass sich ein positives Bild ergibt. Sie können über sich selbst lachen und Fehler eingestehen. Fehler eingestehen ist keine Schwäche, sondern beweist innere Stärke. Genauso spannend gestaltet es sich, wenn sie Ihrem Leben eine Bedeutung geben. Damit erreichen Sie ein besseres Gefühl.

Sie erleben, wie es sich anfühlt, für andere Menschen wichtig zu sein, weil Sie sich nicht mehr nur mit sich selbst, Ihren Wünschen, Bedürfnissen, Mängel und Fehlern beschäftigen.

Anderen Menschen wird damit ein Platz in Ihrem Leben eingeräumt. Finden Sie heraus, wie Sie Ihre Umwelt und die Menschen bereichern können. Sie erhalten im Gegenzug die Wertschätzung, die Sie sich immer gewünscht haben. Gleichzeitig gelingt Ihnen damit, Selbstbefangenheit abzulegen und Selbstvertrauen gegenüber sich selbst und dem Umfeld aufzubauen. Sie spüren, dass Sie für eine andere Person wichtig sind. Dieses tolle Gefühl macht den Unterschied und stärkt Ihr Selbstbewusstsein.

Je mehr Sie den Menschen und Ihrer Umwelt geben, desto größer gestalten sich die Dinge, die Sie am Ende zurückbekommen.

8. Mit Disziplin mehr Selbstbewusstsein erlangen

Disziplin ist die Triebfeder für Erfolg und der Schlüssel zum Glück. Schauen Sie sich beispielsweise die Geschichte der Beatles an. Diese Band hat viele Stunden im Proberaum verbracht und lange Jahre jeden Abend vor Publikum gespielt, bevor sie den Durchbruch schafften und berühmt wurden. Der vielleicht beste Basketballer Michael Jordan hat in einem Interview einmal einen interessanten Satz gesagt:

Zitat: *„Das Einzige, was mich von anderen Basketballern unterscheidet, ist, dass ich 1000 mal mehr Würfe durchgeführt habe, als alle anderen..."*

Damit wird klar, dass Talent alleine einen nicht weiter bringt. Jeder Mensch hat Talente, die ihn mit Disziplin und Willenskraft am Ende zum Erfolg führt. Disziplin ist keine angeborene Fähigkeit, sondern erlernbar. Jeder Mensch besitzt eine gewisse Selbstdisziplin. Diese stellt sich dar, wenn Sie sich ein bestimmtes Ziel gesetzt haben und dieses kontinuierlich verfolgen. Damit haben Sie die Grundvoraussetzung dafür, um erfolgreich zu sein.

Selbstbewusstsein und Selbstwert – vermeiden Sie chronische Überforderung

Für die Stärkung des Selbstbewusstseins und des Selbstwertes suchen Menschen nach Anerkennung. Sie verwirklichen sich in der Arbeitswelt und geben dem Leben damit einen Sinn. Schon Kinder, die in der Schule sind, versuchen sich gegenseitig zu übertreffen, um Selbstbestätigung zu schaffen.

Solange das soziale Umfeld in alle Richtungen stimmt, ist das keine verkehrte Verhaltensweise, da dadurch das Selbstwertgefühl und das Selbstbewusstsein ausgebaut werden.

Auf der anderen Seite kann sich aber auch eine Schwächung des Selbstbewusstseins und Selbstwertes einstellen. Dabei ist die schulische Voraussetzung nicht ausschlaggebend. Ein Handwerker mit Talent, der nur einen Hauptschulabschluss hat, kann ein deutlich höheres Selbstbewusstsein und einen besseren Selbstwert haben, als ein Chemiker, der nur wenig Talent besitzt. Eine Überforderung, genauso wie eine

Unterforderung entsteht, wenn die zu bewältigenden Anforderungen nicht stimmig sind. Taucht dieses Gefühl auf, sollte sich nach einer Tätigkeit umgeschaut werden, die besser zu Ihnen und Ihrem Anforderungsprofil passt.

Ebenso entscheidend ist die eigene Wertorientierung. Einen höheren Selbstwert erreichen Sie beispielsweise damit, wenn Sie sich ehrenamtlich im sozialen Bereich engagieren. Dafür gibt es eine Vielzahl von Projekten, wo Sie sich einbringen können. Die eigene Wertorientierung wird dabei weiter ausgebaut, wenn Sie hinter Ihren Werten und den Werten der Gemeinschaft stehen.

Es gibt eine ganze Reihe Quellen, die gutes Futter für Ihr Selbstwertgefühl sind. Ihre Fantasien und Träume sind extrem wichtige Bestandteile des Selbstbewusstseins, die Ihnen ein positives Selbstbild geben, das sich deutlich vom Fremdbild unterscheidet. Träume sind die Darstellung von Lebensentwürfen, die ausgelebt werden möchten.

Negative Dinge in Ihrem Leben lassen sich einfacher ändern, wenn Sie Ihre Gedanken auf eine bessere Zukunft lenken.

Es entsteht eine große Portion guter Gefühle, von denen sich das Selbstbewusstsein ernährt. Damit schaffen Sie eine deutlich höhere Belastungsgrenze. Sie kennen Ihre Stärken und Schwächen und akzeptieren auch Letztere als Bestandteil Ihrer Persönlichkeit.

Damit haben Sie erreicht, dass Sie weniger abhängig davon sind, wie andere Menschen Sie bewerten. Das Selbstbewusstsein ist der Prellbock und muss sehr viel aushalten. Ein großer Feind ist Kritik, gerade wenn es dafür keine Rechtfertigung gibt. Sie fühlen sich unverstanden. Schlimmstenfalls ergibt sich daraus eine Identitätskrise. Sie entsteht beispielsweise, wenn durch eine schwere Krankheit die körperliche Bewegungsfreiheit eingeschränkt wird, die Kinder von Zuhause ausziehen oder ein geliebter Mensch stirbt. Solche Ereignisse haben dramatische Auswirkungen, wenn die Persönlichkeit dabei in Mitleidenschaft gezogen wird.

In einer solchen Sinnkrise kommt es zu der Fragestellung: „Welchen Stellenwert habe ich jetzt noch?"

Es ergibt sich ein Verlust des Selbstwertes und des Selbstvertrauens. Einige Menschen haben das Wissen darum, dass das Leben weiter geht. Sie rappeln sich wieder auf, suchen sich neue Herausforderungen und überdenken den Sinn ihres Lebens. Andere wiederum ziehen sich zurück in Ihr Schneckenhaus und verlieren sich in Resignation.

Ob Sie zu der einen oder anderen Kategorie Mensch gehören, ist entscheidend von Ihrem Selbstbewusstsein abhängig. Haben Sie es aber geschafft, eine solche Krise zu überwinden, schaffen Sie es, sich anschließend bedeutend stärker aufzustellen. Darum ist es immer sinnvoll, am eigenen Selbstbewusstsein zu arbeiten und einen stabilen Selbstwert zu entwickeln.

Selbstverwirklichung – Entfalten Sie mit Selbstbewusstsein und Selbstwert Ihre Persönlichkeit

Die Entfaltung des Selbstbewusstseins und das Erkennen des Selbstwertes sind wichtige Pfeiler für die Selbstverwirklichung und bilden die Brücke zu Ihrer Persönlichkeit.

Indem Sie an Ihrem Selbstbewusstsein und Selbstwert arbeiten, öffnen sich viele weitere Türen. Denn damit haben sie den Anstoß dafür gegeben, etwas verändern und sich selbst verwirklichen zu wollen.

In engem Kontext dazu steht aber auch die Selbsterkenntnis, die oftmals der Weiterentwicklung und damit der Selbstverwirklichung im Wege steht. Wie bereits erwähnt, wurden Sie Ihr Leben lang von gesellschaftlichen Normen und Erwartungen begleitet, denen Sie sich bisher immer gebeugt haben. Sie wurden in Verboten und Einschränkungen zum Ausdruck gebracht.

Eine Veränderung der Persönlichkeit und damit die Stärkung des Selbstbewusstseins und Selbstwertes stoßen in Ihrer Umwelt immer wieder auf Ablehnung. Denn Sie entschlüpfen der Ihnen zugedachten Rolle und machen endlich die Dinge, die Sie glücklich machen. Anderen Menschen stößt dieses bitter auf, weil Ihnen der Mut, die Kraft, das Selbstvertrauen, der Selbstwert und das Selbstbewusstsein fehlen. Sie scheuen sich vor den Enttäuschungen und dem Scheitern.

Doch Ihre Träume, Ziele, Ideen und Visionen gehören zur Charakterbildung und damit zur Persönlichkeitsentwicklung.

Menschen, die sich in Ihrer Entwicklung beschneiden lassen, fehlt es an Talenten. Sie können nicht planen und nicht organisieren, sondern leben nach einem vorgefertigten Schema.

Die wichtigen Eigenschaften wie Selbstbewusstsein und Selbstwert sowie Selbstvertrauen stellen sich recht verkümmert dar, weil Sie Ihre Selbstverwirklichung ganz nach hinten stellen.

Wenn Sie einmal genauer in sich hineinschauen, werden Sie schnell feststellen, in wie vielen Bereichen Sie fremdbestimmt handeln.

Die Einschränkungen beschneiden Ihre Träume, Ideen und Ziele und beschränken Sie in Ihrer Persönlichkeitsentwicklung. Ob Sie mit diesen Einschränkungen zufrieden sind, interessiert niemanden. Sobald Sie aber aus diesem Schema ausbrechen, erhalten Sie ungeteilte Aufmerksamkeit.

Sie stellt sich nicht nur positiv, sondern auch negativ dar. „Was ist plötzlich mit Dir los? Was ist in Dich gefahren, dass Du Dich so verändert hast?"

Seien Sie sich immer bewusst darüber, dass nur Sie selbst derjenige sind, der in Sie hineinschauen kann und sieht, wie es in Ihrem Inneren aussieht. Und nur Sie sind derjenige, der sich dazu entscheidet, etwas zu verändern.wenn Sie anfangen mehr Selbstbewusstsein zu entwickeln und Ihren Selbstwert zu steigern, erhalten Sie neue Perspektiven und schätzen viele Dinge anders ein. Daraus ergibt sich, dass Sie Dinge erkennen, die Ihnen guttun.

Gleichzeitig fallen Ihnen aber auch Dinge auf, die Ihrer Selbstverwirklichung im Wege stehen. Mit diesen Erkenntnissen sind Sie in der Lage ein glückliches, zufriedenes Leben zu führen.

Sie wissen, was Sie erreichen wollen und arbeiten stetig an Ihrem Selbstwert und Selbstbewusstsein. Ihre innere Stimme unterstützt Sie und sagt Ihnen: „Deine Entscheidung ist richtig. Pack es an! Denn es bringt Dich Deiner eigenen Persönlichkeit wieder ein Stück näher!" Negative Aspekte wie, „Was denken die anderen über mich?" und „Das geht nicht gut?", gibt es in Ihrem inneren Wortschatz nicht mehr. Es wird der Intuition und der Stimme des Herzens gefolgt. Kritikern gegenüber sind diese beiden immun. Dadurch wird verhindert, dass Sie Ihren Weg verlassen. Ein gestärktes Selbstbewusstsein führt dazu, dass Sie ein selbstbestimmtes Leben führen, indem Sie sich verwirklichen. Sie kennen Ihren Selbstwert und orientieren sich an Ihren Bedürfnissen, Wünschen und Träumen und stimmen Ihre Handlungen genau darauf ab.

Menschen mit wenig Selbstbewusstsein und fehlendem Selbstvertrauen haben andere Maßstäbe, weil sie von Ablehnung und Angst dominiert werden. Dadurch sind sie nicht in der Lage, ihre

Komfortzone zu verlassen. Ihre Handlungen und ihre Persönlichkeitsentwicklung werden maßgeblich beeinflusst.

Die Angst vor Blamage ist viel zu groß, da das Vorhaben als kindisch und egoistisch gelten könnte. Die vielen Argumente, die Ihnen im Bezug auf Ihre Persönlichkeitsentwicklung und der Selbstverwirklichung begegnen, sollten im Keim erstickt werden. Viele Dinge erledigen sich von ganz alleine, wenn Sie endlich für sich selbst und Ihre Wünsche einstehen. Diese verlieren ganz schnell an Gewicht, weil Sie sich dazu entschieden haben, mehr Selbstbewusstsein und damit einen höheren Selbstwert aufzubauen. Sie lösen sich von alten Konventionen und übernehmen selbst die Planung Ihres Lebens. Die neuen Einblicke sorgen dafür, dass Sie Ihr Leben auf den Prüfstand stellen. Dabei fällt Ihnen auf, dass Sie eine Veränderung wollen, auch wenn diese anderen vielleicht nicht gefällt.

Mit einem gestärkten Selbstbewusstsein und dem Wissen um Ihren Selbstwert sind Sie bestens für Ihre eigene Lebensplanung gerüstet. Sie starten mit

Ihrer eigenen Selbstverwirklichung und nicht mit der, die andere für Sie geplant haben.

Ihr Selbstvertrauen wächst und Sie besitzen das Wissen darum, dass nur Sie selbst etwas verändern können. Durch die neue Organisation Ihrer Persönlichkeit beginnen Sie Ihren Traum zu Leben und glücklich zu werden.

Auch wenn Persönlichkeitsentwicklung in der Kindheit beginnt, ist kein Ende absehbar. In jungen Jahren wird der Grundstein gelegt. Auf diesem lassen sich aber sehr gut die unterschiedlichen Fähigkeiten weiter ausbauen. Menschen beginnen oftmals erst im späteren Alter das Selbstbewusstsein und den Selbstwert zu überdenken, weil zu diesem Zeitpunkt eine gewisse Reife vorhanden ist, um Situationen, Geschehnisse und Einflüsse auf die eigene Person zu hinterfragen. Was über viele Jahre als gut und richtig empfunden wurde, ist plötzlich mit Zweifeln und sogar Ablehnung behaftet, weil darin keine Erfüllung mehr gesehen wird. Mitunter sind es aber auch die Mitmenschen im eigenen Umfeld, die den Anstoß dazu geben, über sich selbst nachzudenken und Verhaltensweisen zu erforschen.

Im ersten Moment mögen Sie sich vielleicht vor den Kopf gestoßen fühlen. Doch ein enger Vertrauter darf Ihnen ruhig den Spiegel vorhalten und Ihnen zeigen, an was es eventuell mangelt.

Diese Menschen haben vielleicht schon das erreicht, was Sie gerne erreichen möchten und können für Sie der perfekte Mentor sein, um den richtigen Weg für mehr Selbstbewusstsein, Selbstvertrauen und ein besseres Selbstwertgefühl zu finden. Er begleitet Sie durch die verschiedenen Entwicklungsstufen der Persönlichkeit und hilft Ihnen dabei mehr Selbstsicherheit und mentale Stärke zu erlangen. Selbstbewusstsein erlangen und das Selbstwertgefühl steigern funktioniert nur, wenn Sie aktiv werden. Suchen Sie nach Ihrer Motivation, warum Sie etwas verändern wollen und aktivieren Sie ein diszipliniertes Verhalten, um am Ball zu bleiben. Beides gibt Ihnen die nötige Bodenhaftung, damit Sie über sich hinauswachsen können.

Die Entwicklungsstufe, auf der sich Ihre Persönlichkeit befindet, ist völlig belanglos. Wichtig ist, dass Sie etwas verändern wollen und erkennen, wo Sie ansetzen müssen. Das Steigern des Selbstbewusstseins und Selbstwertes ist dabei ein sehr guter Anfang.

In jedem Menschen ist Selbstbewusstsein und Selbstwert vorhanden. Allerdings gestaltet sich die Ausprägung unterschiedlich. Für ein erfülltes, glückliches Leben ist es nie zu spät. Ergreifen Sie Ihre Chance!

Ende 1 von 3

Buch 2 von 3
Selbstfindung

Das Leben ist ein enges Geflecht an Verkettungen. Es gibt einmal die Erwartungen anderer. Die andere Seite der Medaille ist die eigene Individualität. Es ist ein wahrer Balanceakt auf einem schmalen Grat wandern, der sich zwischen Abgrenzung und Anpassung befindet.

Immer wieder kommen Menschen an den Punkt, wo sie sich die Frage stellen: „Wer bin ich eigentlich?" und „Was will ich wirklich?". Mit diesen beiden Fragen treten sie eine Grundsatzdiskussion mit sich selbst los. Das passiert ganz automatisch, wenn sie mit dem bisherigen Leben nicht mehr zufrieden sind und nicht mehr konform gehen.

Sie wägen die Konformität und die Anpassung gegen Individualität und Abgrenzung auf und überlegen sich Schritte, wie sie alle diese Dinge unter einen Hut bringen können. Schnell stellen sie fest, dass alles zusammen nicht funktionieren kann, weil es dafür keine Lösung gibt.

Indem sie sich aber weitere Gedanken machen, beschreiten sie einen ganz besonderen Weg, um Ihr Leben nach den eigenen Wünschen zu gestalten. Sie gehen auf die Suche, erreichen damit, sich selbst zu entdecken und finden nach und nach die Antworten auf die Fragen wer sie sind und was sie wollen. Bei der Selbstfindung stehen sie vor einem großen Dilemma.

Wer autonom und authentisch sein möchte, unangepasst und geistig unabhängig, wird automatisch anders als die Anderen und sticht aus der Masse hervor.

Selbstfindung ist eigentlich keine Zielsetzung, sondern ein fortwährender Prozess, der dazu führt, dass Sie sich weiterentwickeln und über sich hinauswachsen.

Sie erlangen mehr Selbstbewusstsein, Selbstvertrauen, mentale Stärke, kennen Ihren Stellenwert und lernen das Leben auf eine ganze neue Art und Weise kennen. Selbstfindung geht nicht von heute auf morgen.

Auf Ihrem Weg dorthin begegnen Sie vielen Widrigkeiten und auch Ablehnung, weil andere Menschen mit Ihrer neuen Persönlichkeit nichts mehr anfangen können.

Doch genau diese Menschen sind es, die Sie in eine bestimmte Schublade stecken und Ihre Individualität als Bedrohung sehen.

Sie wollen sich selbst finden, wissen was Sie wirklich wollen, sich selbst verwirklichen, selbstbestimmt sein und sich entfalten? Dann ist es an der Zeit mit der Selbstfindung zu starten! Worauf warten Sie noch?

Definition Selbstfindung

Selbstfindung ist keine moderne Erscheinung des heutigen Lifestyles und bezieht sich nicht nur auf die Arbeitswelt, in der das Streben nach Selbstverwirklichung, Selbstbestimmung und Selbstentfaltung ganz groß geschrieben wird.

Bereits in der Entwicklungspsychologie hat der Begriff eine vielsagende Bedeutung. Schon in der Pubertät beginnt dieser Prozess.

Dabei werden von den jungen Menschen Ziele und Eigenheiten definiert, mit denen sich von der Gesellschaft und deren Einflüssen abgegrenzt wird.

Im Umkehrschluss bedeutet dieses nichts anderes, als dass dieser Prozess von jedem einzelnen aktiv betrieben wird, um voranzukommen. Dabei werden unveränderbare, fixierte Zustände entdeckt.

Selbstfindung ist aber auch gleichzeitig Selbstgestaltung, die eine maßgebliche Veränderung herbeiführt, viele unterschiedliche Lebensbereiche berührt und damit auch beeinflusst.

Mit der Selbstfindung ergibt sich eine Sinnfindung, wo Sie Wünsche und Lebensziele klar formulieren. Sie betreffen den Partner, Freunde, Freizeit, Hobbys, Ihr Zuhause, Beruf und Ausbildung sowie Gesundheit und Ernährung.

Zusammen ergeben alle diese Dinge die Persönlichkeitsentwicklung und die Selbstverwirklichung.

Der Selbstfindungsprozess hat zudem gigantische Nebenwirkungen, die sich sehr positiv darstellen:

1. Wenn Sie sich kennen, haben Sie das Wissen um Ihre individuellen Stärken!

Indem Sie Ihre eigene Identität suchen, formulieren Sie für sich selbst individuelle Ziele, die zu eigener Stärke führen. Wenn Sie sich also intensiv mit Selbstfindung beschäftigen, entdecken Sie Talente und Fähigkeiten, denen Sie sich gar nicht bewusst waren. Diese Talente und Fähigkeiten sind verantwortlich für ein selbstbewussteres Auftreten.

2. Wenn Sie sich kennen, sind Sie in der Lage eine eigene Haltung zu entwickeln!

Sie begeben sich auf den Weg und suchen die Auseinandersetzung mit Ihren Werten. Damit erreichen Sie eine klare Haltung, die Ihre Persönlichkeit, Ihr individuelles Profil ausmacht. Sie schwimmen nicht mehr mit allen anderen in einem trüben Teich, sondern heben sich von der Masse ab – sowohl im Job, wie auch privat.

3. Wenn Sie sich kennen, steht dem Weg zum Glück nichts mehr im Wege!

Glück ist nicht nur individuell, sondern auch von vielen, unterschiedlichen Faktoren abhängig, die sich sehr unterschiedlich gestalten. Glücklich sein ist daher sehr eng mit Ihren Bedürfnissen verknüpft.

Diesen sind Sie sich aber nur bewusst, wenn Sie sich selber kennen. Mit Selbstfindung schaffen Sie die beste Voraussetzung, um Ihr persönliches Glück zu finden.

Wege finden und Barrieren überwinden

Der Prozess der Selbstfindung lässt sich auf unterschiedliche Weise einleiten, um Veränderungen herbeizuführen. Auf der einen Seite gibt es dafür die harte Methode und auf der anderen Seite den weichen Weg.

Wenn Sie die harte Methode wählen, kündigen Sie mit sofortiger Wirkung Ihren Job, trennen sich von Ihrem Partner, kündigen die Wohnung und buchen den nächsten Flug, der Sie ans andere Ende der Welt bringt.

Genauso könnte die harte Methode aussehen! Aber jetzt einmal im Ernst: So krass müssen Sie nicht unbedingt vorgehen!

Die Grundregel lautet vielmehr: Machen Sie einen großen Schritt nach vorne, trotz aller Ängste, die damit verbunden sind!

Wie weit Sie gehen wollen oder können, müssen Sie selbst entscheiden. Es gibt Situationen, da kommen Sie um die Brechstangen nicht herum, gerade wenn es um alte Verhaltensmuster geht, die Sie verändern möchten.

Ein guter Ansatz ist eine Reise, die Sie alleine durchführen. Sie machen dabei komplett neue Erfahrungen und erhalten eine neue Sichtweise auf viele Dinge. Vielleicht kann auch ein Wohnort- oder Jobwechsel den Anstoß für die Selbstfindung geben.

Wenn Sie sich mit der harten Methode nicht anfreunden können, gibt es auch einen weichen Weg. Das Grundgerüst wie Beziehung, Job und Freunde bleibt erhalten.

Es wird lediglich Zeit dafür eingeräumt, um sich von alten Verhaltensmustern zu trennen.

Dabei lösen Sie sich davon und finden neue Wege, finden Ihre eigenen Bedürfnisse heraus und beginnen, diese auszuleben. Es sind Ihre eigenen Wünsche und Träume und nicht die Ihres Partners, des Chefs oder der Freunde. Genau dieser Schritt ist einer der schwierigsten, weil Sie immer wieder auf Ablehnung stoßen werden. Sie sind nicht mehr die Person von früher, sondern haben sich weiterentwickelt.

Nicht die anderen, Sie selbst sind die Triebfeder für neue Erfahrungen und neue Einblicke ins Leben.

Nehmen Sie sich die Zeit, nach dem Feierabend, am Wochenende oder im Urlaub, um neue Erfahrungen zu machen.

In solchen Situationen legen Sie ein anderes Verhalten an den Tag, welches Sie zu anderen Ergebnissen führt.

Funktioniert Selbstfindung trotz Erwartungen aus der Gesellschaft?

Der Prozess der Selbstfindung umfasst das Lokalisieren von eigenen Berufs- und Lebenszielen, die als Gesamtpaket zu sehen sind.

Sie stehen in enger Verbindung mit den Big Five, den Persönlichkeitsmerkmalen (Offenheit, Gewissenhaftigkeit, Extraversion, Verträglichkeit, Neurotizismus). Die Kombination ist die Basis bzw. der Dünger für Fortschritt und Innovation.

Dahinter steckt nichts anderes als die Relevanz von Berufung, Mission, Passion und Profession. Im Job stellt sich dieses folgendermaßen dar:

- Sie lieben das, was Sie tun
- Sie sind darin großartig
- Ihre Arbeit wird von der Welt gebraucht
- Sie bekommen Geld dafür

Begeben Sie sich allerdings auf Wege, die fernab der immer genutzten Pfade liegen, werden schnell Widerstand und Vorbehalte laut sowie Grenzen deutlich sichtbar.

Es wird zwar von Ihnen erwartet, dass Sie ganz Sie selbst sind. „ABER!" nur, wenn es dem akzeptieren Rahmen der gesellschaftlichen Grundlagen entspricht. Eigentlich bedeutet es nichts anderes, dass Sie Ecken haben dürfen.

Bei Kanten sieht das Ganze schon wieder anders aus. Selbstfindung funktioniert nicht, wenn Sie kuschen, nicht widersprechen, nicht rebellieren und nicht eine andere Meinung haben dürfen.

Schnell passiert es, dass Sie im Selbstfindungsprozess an sich selbst vorbeilaufen, ohne es zu bemerken. Nur mit dem Filtern von externen Einflüssen und Erwartungen sind Sie in der Lage, Ihre eigene Identität und Wünsche zu erkennen und erfolgreich zu sein.

Um sich selbst zu finden sind folgende Fragen sehr hilfreich:

- Ist die Person, die Ihren Weg infrage stellt, wirklich wichtig in Ihrem Leben?
- Wie sehen die Ansichten des Umfelds aus, die sich hinter den Ratschlägen verstecken?
- Haben die Ziele der anderen Person Relevanz für Sie?
- Ist der Weg des anderen deckungsgleich mit Ihren Werten?
- Wollen Sie so sein wie diese Person oder ist es Ihr Ziel so zu werden?
- Verbreitet der Gedanke ein gutes Gefühl in Ihnen?
- Sind Sie damit glücklich?

Letztendlich geht es bei Selbstfindung um Wachstum! Wenn Sie das Wort jetzt in seine einzelnen Buchstaben zerlegen, gibt es 8 neue Begriffe, die Sie auf dem Weg zur Selbstfindung begleiten.

W = Wahrnehmung

A = Anforderung

C = Courage

H = Historie

S = Strategie

T = Targets (Ziele)

U = Umsetzung

M = Motivation

Seien Sie ehrlich! Haben Sie auch eine Gänsehaut?

Selbstfindung - in 6 Schritten die richtige Orientierung finden

Durch die gesellschaftlichen Einflüsse ist es nicht immer einfach, sich selbst zu finden. Großen Einfluss darauf hat auch die Informationsflut, mit der Sie tagtäglich konfrontiert werden. Damit Ihnen der Weg zu sich selbst nicht so schwerfällt, können Sie folgende Tipps nutzen:

1. Ihr bester Maßstab sind Sie selbst!

Sie kennen das Gefühl, sich mit anderen vergleichen und an ihnen messen zu müssen. Allerdings sind solche Gefühle und die damit verbundenen Verhaltensweise eher kontraproduktiv und für die Selbstfindung nicht von Vorteil. Es ist nebensächlich, was andere über Sie denken und welche Bewertung sie über Ihr Verhalten abgeben. Einmal genauer betrachtet, ist die Denkweise und Bewertung nur eine Art Feedback bzw. ein Echo, das sich auf Sie selbst bezieht.

Wenn Sie wirklich den Schritt machen möchten, um sich besser kennenzulernen und Ihre Identität festigen wollen, ist eines wichtig. Machen Sie sich Ihr eigenes Bild von sich selbst nicht daran fest, was andere machen und wie sie sich verhalten.

Dadurch entsteht ein Zerrbild, das in keiner Relation zu Ihnen selbst steht. Selbstfindung bedeutet Loslassen. Damit sind nicht nur vermeintliche Standards gemeint, sondern auch der allgemein gültige Mainstream, auf dessen Welle jeder meint, mit schwimmen zu müssen.

Der Fokus liegt einzig und alleine auf Ihnen selbst. Ein entscheidender Maßstab sind dabei Ihre eigenen Bedürfnisse und Werte.

2. Keine Angst haben vor sich selbst!

Angst geht vielfach mit Selbstfindung einher, da Sie nicht einschätzen können, welche möglichen Konsequenzen Sie zu erwarten haben. Diese Ängste stellen sich sehr vielschichtig dar. Sie haben Angst davor, Ihr Gesicht zu verlieren, finanziell schlechter dazustehen oder gravierende Veränderungen überwinden zu müssen.

Das mag im ersten Moment ein guter Grund sein, um das Vorhaben der Selbstfindung beiseite zu schieben. Doch gibt es immer Widrigkeiten, die Ihnen Angst machen und zum Schluss ein besseres Leben, Glück, Zufriedenheit bereitstellen und gar nicht so schlimm sind, wie zuerst vermutet.

Zitat: *„Stellen Sie sich den Worst-Case nicht nur vor, sondern erzeugen Sie ihn kontrolliert. Die meisten Menschen stellen dabei fest, dass er so schlimm gar nicht war." Tim Ferriss (Bestseller-Autor)*

3. Probieren Sie neue Dinge aus!

Es ist sehr bequem und angenehm in Ihrer Komfortzone, die Sie eigentlich gar nicht verlassen möchten. Sie ist allerdings ein Bereich in Ihrem Leben, die der Selbstfindung massiv im Wege steht, weil Sie sich nur innerhalb Ihrer selbst gesteckten Grenzen bewegen und nicht über den Tellerrand hinausschauen. In diesem kleinen, gemütlichen Umfeld erfahren Sie aber meist nicht, was wirklich in Ihnen steckt und was Sie wirklich wollen.

Testen Sie Ihre Grenzen aus und schauen Sie, wie weit Sie gehen wollen. Dafür brauchen Sie nicht gleich alle Zelte abzubrechen, in den Amazonas auszuwandern und sich in wilde Abenteuer zu stürzen.

Der Alltag bietet viele Möglichkeiten, die Komfortzone zu verlassen und neue Erfahrungen zu sammeln. Sie sind der Auslöser, der Ihnen neue Facetten an Ihnen zeigt und Sie über sich hinauswachsen lässt.

4. Beziehungen aufbauen, um sich selbst zu finden!

Durch neue Beziehungen und Gesprächspartner erfahren Sie eine ganze Menge mehr über sich selbst und können diese Informationen zum Lernen nutzen. Diese Beziehungen sollten nicht darauf aufbauen, dass Sie versuchen sympathisch zu erscheinen oder sich anzupassen. Durch die Prioritäten der neuen Gesprächspartner, deren Ziele und Lebensentwürfe, bekommen Sie genug Material an die Hand für eine Reflexion, die sich positiv wie negativ gestalten kann.

Sie sind eine gute Grundlage, an denen Sie Ihre eigenen Maßstäbe messen können. Es ergibt sich ein Hinterfragen oder Abgrenzen, weil Sie die eigenen Werte und Bedürfnisse auf den Prüfstand stellen.

Grundsätzlich helfen Ihnen diese Menschen dabei, Ihre Bereitschaft zur Selbstfindung zu stabilisieren und zu festigen.

5. Lernen Sie Gelassenheit!

Stress, Ohnmacht, Wut, Emotionen und die damit einhergehende Handlungsunfähigkeit lassen sich durch Gelassenheit sehr gut in den Griff bekommen.

Es gibt immer wieder Situationen, in denen Sie sich betrogen, ausgenutzt und belogen fühlen, sodass nicht mehr viel fehlt, bis Sie die Kontrolle über sich selbst verlieren. Mit Gelassenheit finden Sie wieder den Weg zu sich selbst und rücken sich selbst wieder etwas näher. Gehen Sie mit Gelassenheit auf solche Situationen zu.

Sie ermöglicht Ihnen bessere Entscheidungen und ist ein guter Schritt in die richtige Richtung, wenn Sie sich selbst finden wollen. Ihr Verstand bleibt immer Herr der Lage und verhindert emotionale Ausbrüche, ganz gleich, wie schlimm sich die Situation gerade darstellt.

6. Verbannen Sie alle Masken aus Ihrem Leben!

Sich hinter einer Maske verstecken, gestaltet sich sehr einfach. Daher ist dieser Schritt der Schwerste und kostet eine ganze Menge Überwindung.

Haben Sie im Selbstfindungsprozess das Stadium erreicht, wo Sie wissen, wer Sie sind und was Sie wollen, gehört das Spielen einer bestimmten Rolle der Vergangenheit an, nur um anderen zu gefallen. Diese Rolle stellt nicht dar, wer Sie wirklich sind!

Persönlichkeit stammt zwar von dem lateinischen Wort „personaab" ab, was übersetzt Theater-Maske bedeutet.

Doch hat Persönlichkeit, die sich bei der Selbstfindung herauskristallisiert, nicht zwangsläufig etwas mit Selbstdarstellung gemeinsam. Jedes Mal, wenn Sie Ihre Individualität zur Schau stellen, müssen Sie nicht gleich anderen Menschen vor den Kopf stoßen.

Jeder Mensch auf dieser Welt hat seine Bühne, wo er als Darsteller auftritt. Seien Sie bei Ihrem Auftritt selbstbewusst, ohne eine Maske zu tragen, die Sie in eine bestimmte Rolle drängt. Selbstfindung bedeutet, sich dessen bewusst zu werden, wer Sie sind und dieses Selbstbild darzustellen.

Selbstfindung: Die enge Verbindung zur Selbstverwirklichung

Auf dem spannenden Weg zur Selbstfindung stoßen Sie immer wieder auf Dinge, die Sie gerne tun würden.

Selbstfindung ist engmaschig mit Selbstverwirklichung verstrickt. Jeder Mensch, der danach strebt, etwas in seinem Leben zu verändern und dabei authentisch zu sein, geht auf die abenteuerliche Reise, um sich ganz seinen Wünschen, Träumen und Bedürfnissen hinzugeben und sich auf die Erfüllung zu konzentrieren.

Genauso wie bei der Selbstfindung stoßen Sie bei der Selbstverwirklichung, die ein Resultat der Selbstfindung ist, auf Widerstand.
Die Realität holt Sie auf Ihrem Weg mit Verpflichtungen, äußeren Einflüssen und Erwartungen ein. Diese Widerstände bremsen Sie aus und es macht sich Unsicherheit breit. Um sich selbst treu zu bleiben, sollten Sie alle Bedenken beiseiteschieben.

Denn Selbstfindung und die damit einhergehende Selbstverwirklichung hat nichts mit Egoismus zu tun. Vielmehr ist es Eigenverantwortung, um Ihren ganz persönlichen Weg zu gehen. Es gibt 4 gute Gründe, warum Selbstverwirklichung so wichtig ist.

Der Ausgangspunkt für Selbstfindung und Selbstverwirklichung ist immer der gleiche. Denn Sie stellen sich die Frage, ob Sie mit Ihrem jetzigen Leben zufrieden sind. Es gibt kaum Menschen, die diese Frage mit einem klaren „ja" beantworten können. Für die Unzufriedenheit ist auch schnell ein Schuldiger gefunden. Es sind die Umstände oder die anderen, denen die Schuld zugewiesen wird.Um etwas zu verändern, wird sich auf das Abenteuer Selbstverwirklichung eingelassen. Dabei begegnen die Reisenden unterschiedlichen Merkmalen, die Selbstverwirklichung ausmachen:

- Selbstfindung
- Authentizität
- Achtsamkeit
- Flow

Selbstverwirklichung wird leider häufig als wertiger Begriff verwendet. Jeder soll sich doch bitteschön selbst verwirklichen, ob im Beruf oder im privaten Bereich. Grundsätzlich ist daran nichts falsch zu verstehen, weil es letztendlich nichts anderes bedeutet, als ein Leben zu führen, wie man es will. Dabei gibt es keine äußeren Einflüsse oder Zwänge. Auch wenn der Begriff durch die Definition einen positiven Stellenwert hat, erfüllt die Selbstverwirklichung keinen Selbstzweck. Eine entscheidende Rolle spielt dabei viel mehr die eigene Identität, die jede Person in sich trägt. Sie beruht auf den Fragen:

☐ Wer bin ich?
☐ Was ist in meinem Leben wichtig?
☐ Wer will ich sein?
☐ Wie soll mein Leben aussehen?
☐ Was will ich bewirken?

Diese essentiellen Fragen begegnen Ihnen schon bei der Selbstfindung und sind bei der Selbstverwirklichung genauso wichtig.

Sie führen dazu, dass Sie ein erfülltes Leben führen und glücklich sind. Um sich selbst zu verwirklichen, sollten Sie Ihre Motive lokalisieren und die dabei auftauchenden Fragen mit „Warum"-Antworten beschreiben. Für Selbstverwirklichung gibt es viele gute Gründe.

1. Sie lernen sich selbst besser kennen!

Auf der Suche nach Ihrer eigenen Identität begegnen Sie Ihren individuellen Zielen und lernen Ihre Stärken kennen. Auf dem Weg zur Selbstfindung und Selbstverwirklichung befassen Sie sich sehr intensiv mit sich selbst. Dabei werden Ihnen Ihre Wünsche, Talente und Fähigkeiten bewusst gemacht, die Ihnen letztendlich mehr Selbstbewusstsein und Stärke geben.

2. Sie empfinden Glück!

Auch wenn Glück von unterschiedlichen persönlichen Faktoren abhängig ist, bedeutet ein Glücksempfinden, dass Sie sich selber wertschätzen und Ihre Bedürfnisse ernst nehmen. Sie haben durch den Prozess der Selbstverwirklichung Ihre ganz eigene Grundlage für Ihr Glück geschaffen, weil Sie Ihr Leben so gestalten, wie Sie es für richtig halten, ohne sich von fremden Einflüssen und Erwartungen beschneiden zu lassen. Denn nur Ihre Entscheidungen fallen ins Gewicht und danach leben Sie.

3. Ihre Ziele erreichen Sie!

Das Erreichen von Zielen gelingt auch ohne Selbstverwirklichung. Ob es aber wirklich Ihre eigenen Ziele sind, steht auf einem ganz anderen Blatt. Vielfach sind es Erwartungshaltungen von anderen, die Sie zu Ihrem eigenen Ziel machen. Nicht selten wird dem Mainstream gefolgt und beispielsweise eine bestimmte Ausbildung gemacht, weil das Umfeld dieses erwartet.

Doch ist das wirklich Ihr eigenes Ziel, was sie verfolgen möchten?

Ein selbstbestimmtes Leben gelingt Ihnen nur, wenn Sie die Ziele überprüfen und mit Ihrem vollen Bewusstsein dahinter stehen, weil es Ihr eigenes Ziel ist.

Zitat: „Wer zu sich selbst finden will, darf andere nicht nach dem Weg fragen." Paul Watzlawick

4. Sie erstellen Ihr eigenes Profil!

Bei der Selbstfindung und Selbstverwirklichung kommen Sie nicht darum herum, sich mit den eigenen Werten auseinanderzusetzen. Diese Analyse führt dazu, dass Sie eine klare, eindeutige Haltung beziehen und ein individuelles Profil erarbeiten, das Ihrer Persönlichkeit entspricht. Damit erreichen Sie, dass Sie sich von der Masse abheben.

Maslow hat in seiner Bedürfnispyramide die aufeinander aufbauenden Bedürfnisse dargestellt, die nacheinander befriedigt werden müssen, um zum guten Schluss Selbstverwirklichung zu erreichen.Die Basis der Bedürfnispyramide nach Maslow sind die Grundbedürfnisse wie körperliches Wohlbefinden, Essen, Trinken, Schlafen, Sex usw., gefolgt von Sicherheit wie Arbeit, Einkommen und Wohnen auf der zweiten Stufe. An dritter Stelle stehen soziale Bedürfnisse wie Partnerschaft, Liebe und Freundschaften. Diese drei Ebenen werden auch als Defizitbedürfnisse bezeichnet. Auf der vierten Ebene sind die Individualbedürfnisse wie Anerkennung und Geltung zu finden.

Die Spitze der Pyramide ist die Selbstverwirklichung. Individualbedürfnisse und Selbstverwirklichung werden auch als Wachstumsbedürfnisse bezeichnet.

Maslow beschreibt Selbstverwirklichung als das Erkennen und Ausschöpfen der Potenziale, die in einem Menschen stecken. Allerdings ist er auch davon ausgegangen, dass die Wachstumsbedürfnisse niemals komplett gestillt werden können, wozu auch die Selbstverwirklichung gehört. Daher ist Selbstverwirklichung ein immer fortwährender Prozess, der niemals aufhört und ständig für Veränderung sorgt.

Selbstverwirklichung - ein steiniger langer Weg

Immer wieder ist festzustellen, dass Menschen etwas verändern wollen, um sich selbst zu finden und zu verwirklichen. Denn diese erstrebenswerten Ziele verhelfen zu mehr Persönlichkeit, Glück und Lebensfreude. Viele scheitern aber bei der Umsetzung, sodass Selbstfindung und Selbstverwirklichung nur ein Traum oder Wunschdenken bleibt. Es gibt unterschiedliche Gründe, warum Menschen die Umsetzung nicht schaffen:

- Auf dem Weg, sich selbst zu finden und zu verwirklichen, gibt es genügend Hindernisse und Fallstricke, die am Wegesrand auf Sie warten. Um sich selbst zu verwirklichen, wird Durchhaltevermögen und Biss benötigt, der einen wichtigen Faktor für den Erfolg darstellt. Nicht jeder Mensch ist damit ausgestattet. Es bedeutet eine große Kraftanstrengung immer Willensstärke zu zeigen und sich vor Augen zu führen, warum

Sie das wollen und was Sie im Innersten dazu antreibt.

- Bei Selbstverwirklichung wird mit zweierlei Maß gemessen. Einerseits wird sie als gut betrachtet, andererseits als störend empfunden. Wenn Sie einem Menschen begegnen, der sich selbst verwirklichen möchte, wird diese Person als egoistisch, rücksichtslos und eigensinnig empfunden. Dieses lassen Sie den anderen garantiert auch spüren, sodass er sich den gesellschaftlichen Erwartungen und der Konformität wieder beugt, um nicht aus der Rolle zu fallen oder anzuecken.

- Ein wichtiger Grund, warum Selbstverwirklichung nicht funktioniert, ist die eigene Einstellung. Von Kindesbeinen an wurde Ihnen beigebracht, dass Sie sich Ihrer Umwelt anpassen müssen. Über viele Jahre hinweg erfolgt eine Konditionierung, die mit Verboten und Einschränkungen gespickt ist. Die dadurch entstandene Einstellung verhindert auf geschickte Weise die Identifizierung der eigenen Bedürfnisse, drängt sie in den Hintergrund, sodass eine Durchsetzung verhindert wird.

Selbstwertgefühl, ein wichtiger Faktor für Selbstfindung und Selbstverwirklichung

Indem Sie den Weg der Selbstfindung beschreiten, lernen Sie sich selbst besser kennen und entwickeln Selbstwert, der Ihnen zu einer selbstbewussten Ausstrahlung verhilft. Dafür braucht es aber eine bestimmte Einstellung zu sich selbst.

Zitat: *„Von allen Urteilen, zu denen wir im Leben kommen, ist keines so wichtig, wie das, das wir über uns selbst fällen." Gerlinde Unverzagt*

Es ist also nicht verwunderlich, dass das Urteil im Bezug auf die eigene Person so großen Einfluss auf den Erfolg im Leben (privat und im Job) hat, ob Sie eine glückliche Beziehung führen oder wie Sie mit Herausforderungen umgehen. Das Selbstwertgefühl ist dabei der innere Schutzschild, das mit der eigenen Überzeugung, im Bezug auf die Chancen untrennbar verbunden ist.

Menschen, die ein ausgeprägtes Selbstwertgefühl besitzen, haben die Überzeugung, dass sie Einfluss auf ihre Umwelt nehmen können.

Aus diesem Glauben heraus entwickeln Sie Kraft und Stärke, die ihnen dabei helfen, Herausforderungen und Schwierigkeiten die Stirn zu bieten. Selbstwertgefühl ist sehr eng mit Anerkennung verstrickt, da sich jeder Mensch für seine Leistungen Wertschätzung wünscht. Schon in frühester Kindheit werden Sie darauf konditioniert. Daher begründet sich ein schwaches Selbstwertgefühl auf kindlichen Bedürfnissen, die nicht befriedigt wurden.

Eltern spielen eine tragende Rolle in der Entwicklung von einem gesunden Selbstwertgefühl, da sie dem Kind von klein auf zeigen, dass es ein wertvoller Mensch ist. Damit entwickelt sich innere Stärke und ein Gefühl von Sicherheit.Genauso wichtig ist der Umgang zwischen Eltern und Kind, der respektvoll sein sollte. Fehlt es an Respekt oder wurde das Kind bloßgestellt und verspottet, wird es kein gutes Selbstwertgefühl entwickeln.

Vielmehr entsteht bei ihnen die feste Überzeugung, dass sie nichts richtig machen. Das Gefühl bleibt bis ins Erwachsenenalter erhalten.

Berufliche Selbstverwirklichung ist der falsche Weg zur Selbstfindung

Das Haus, das Auto, der Job und Luxus sind Werte, über die sich eine Vielzahl von Menschen definieren. Sie sind Dinge, an denen sie ihren Status in der Gesellschaft festmachen. Auch wenn jedem frei steht, über welche Dinge er sich definiert, sollte niemals vergessen werden, dass Situationen dieses Bild zerstören können und damit das Selbstwertgefühl erheblichen Schaden nimmt. Eine Krise im Job oder der Jobverlust wird zur Persönlichkeitskrise, zum Imageverlust und zur gesellschaftlichen Blamage.

Sie erleben Seitenhiebe und Demütigungen, wenn Sie beispielsweise bei einem gesellschaftlichen Anlass nach Ihrem Job gefragt werden und nur mit einem Achselzucken antworten können. Stetiges Wachstum, jahrelanger Erfolg und der damit einhergehende Reichtum machen zwar glücklich, bergen aber auch große Gefahren, weil sich dadurch übersteigerte Erwartungen ergeben.

Es wird schnell in den Glauben verfallen, dass Erfolg, Anerkennung und Geld selbstverständlich ist und immer so weiter fließt.

Die Tücke liegt im Detail, weil Sie die Ergebnisse nicht mehr als Belohnung Ihrer Bemühungen sehen. Sie erheben den Anspruch darauf, dass sich nichts ändert und der momentane Standard immer auf gleichem Niveau bleibt. Wer den Beruf für die Selbstverwirklichung nutzt, macht ihn immer mehr zum Maß der Selbstbestätigung und verirrt sich auf den falschen Weg, der zur Sinnkrise führt, wenn unvorhersehbare Eventualitäten eintreten.

Kein Job → keine Selbstverwirklichung → kein Selbstwert

Es entstehen Selbstzweifel, die wie ein Damoklesschwert über Ihnen schwebt und Sie innerlich zerfrisst. Die innere Stimme wird zum größten Kritiker, der Sie rücksichtslos für schlechte Leistungen tadelt.

Durch das geringe Selbstwertgefühl wiegen Fehler und Schwächen deutlich schwerer. Es fällt Ihnen schwer, glückliche Momente zu genießen und Komplimente anzunehmen. Wenn Sie im Mittelpunkt stehen, fühlen Sie sich unwohl und möchten sich am liebsten verkriechen, weil Sie die Erwartungshaltung haben, dass Ihre Umwelt Sie ablehnt. Ruft ein Freund beispielsweise nicht zurück, stellen sich bei Ihnen Gedanken ein, dass Sie etwas falsch gemacht haben.

Mit einem geringen Selbstbewusstsein gehen Sie immer auf die Suche nach Beweisen, die das mangelhafte Urteil über Sie selbst stützt. Vielfach fehlt Menschen mit mangelndem Selbstwertgefühl auch die Erfahrung, wo sie selbst erfolgreich waren. Sie haben keine Momente erlebt, die Ihnen gezeigt haben, dass sie eine Situation meistern können.

Saboteure des Selbstwertgefühls sind folgende Glaubenssätze:

- Ich bin nicht klug, gut und schön genug!
- Dafür bin ich schon zu alt!
- Ich habe es nicht verdient!
- Das ist zum Scheitern verurteilt!
- Ich bin chancenlos!
- Mich mag keiner!
- Meine Umstände machen mich zum Opfer!

Das Resultat eines mangelnden Selbstwertgefühls schränkt Sie ein, sodass Sie unter Ihren Möglichkeiten bleiben.

Sie sind in einem Teufelskreis gefangen, da Sie sich nicht trauen, zu neuen Zielen aufzubrechen. Damit erreichen Sie niemals Ihr Ziel. Es werden auch keine Schritte gemacht, die ungewohnt und neu sind. Wer anderen nach außen hin Selbstsicherheit vorgaukelt, macht sich das Leben unnötig schwer, weil Sie damit Ihre Selbstzweifel kompensieren und Verteidigungsstrategien entwickeln, die Menschen in Ihrem Umfeld als unsympathisch und heuchlerisch erscheinen. Nicht selten verbirgt sich dahinter die Angst vor Ablehnung. Der Wert, den Sie sich selber beimessen, ist maßgeblich vom Zuspruch aus dem Umfeld abhängig. Genau das ist kein gutes Fundament für ein gesundes Selbstwertgefühl.

Für Ihr Selbstwertgefühl sind Sie selbst verantwortlich. Er ist nur mit der eigenen Messlatte messbar. Das ist das auserkorene Ziel, dass Sie erreichen müssen. Einfacher gesagt, als getan!

Hilfestellungen, um Selbstzweifel entgegenzuwirken und Selbstwertgefühl zu steigern

Für die Selbstfindung ist es wichtig, Selbstzweifel abzulegen und Selbstwertgefühl zu stärken. Selbstwertgefühl gehört dabei zu den Dingen, die von Innen kommen.

Das hört sich vielleicht beim ersten Lesen wie Esoterik an, hat aber damit gar nichts zu tun. Schauen Sie sich große Persönlichkeiten wie Martin Luther King oder Steve Jobs an. Sie haben den uneingeschränkten Glauben an sich selbst gehabt. Dieser wurde Ihnen nicht in die Wiege gelegt. Sie haben ihn in unzähligen Lektionen gelernt. Selbstwertgefühl entwickeln gestaltet sich nicht schwer und hilft Ihnen sich selbst zu finden. Dabei helfen folgende Tricks, die Sie anwenden können:

1. Ihre nicht perfekte Seite ist die beste Waffe gegen Ihren inneren Kritiker

Seien Sie sich bewusst darüber, dass auch die Dinge, die nicht perfekt sind, zu Ihnen gehören. Daher gilt es, diese genauso anzunehmen wie die perfekte Seite. Indem Sie zu Ihren Schwächen stehen, entwickeln Sie Akzeptanz und nehmen sich so an, wie Sie sind. Ihr Outfit muss nicht bis ins kleinste Detail aufeinander abgestimmt sein. Warum machen Sie sich jeden Morgen diesen Stress, der schlechte Laune und ein ungutes Gefühl verbreitet? Das perfekte Outfit ist nicht das Spiegelbild Ihres Selbstwertgefühls, sondern nur eine Verpackung!

2. Bringen Sie Licht und Agilität in Ihr Leben

Bewegen Sie sich und werden Sie aktiv! Über den Tellerrand hinauszuschauen sorgt für Aufbruchsstimmung, die Sie dazu veranlasst, neue Wege einzuschlagen. Auf diesen neuen Pfaden entdecken Sie sich selbst und entwickeln Selbstliebe und Selbstwertgefühl. Während des Selbstfindungsprozess erleben Sie, dass viel mehr in

Ihnen steckt, als Sie bisher angenommen haben. Sogar in den dunkelsten Ecken warten Dinge auf Sie, die für eine Veränderung der Blickrichtung sorgen und Sie in einem anderen Licht erscheinen lassen. Führen Sie in einer Liste auf, welche Eigenschaften Sie als positiv und welche als negativ erachten. Sie erhalten dadurch interessante Aspekte, die Ihnen bei der Selbstfindung, der Steigerung des Selbstwertgefühls und der damit verbundenen Selbstliebe in die Quere kommen.

3. Befreien Sie Ihre Gedanken

In der Beziehung zu sich selbst, stoßen Sie immer wieder auf Herausforderungen, die alles Infrage stellen. Schauen Sie einmal genauer hin und finden Sie heraus, welche die größte, im Bezug auf die Beziehung zu Ihnen selbst ist. Vielleicht sind Sie unzufrieden mit Ihrem Körper, weil Sie glauben, dass Sie nicht gut aussehen oder ein paar Kilos zu viel haben. Oder ist es Ihre Ernsthaftigkeit, negative Gedanken oder Schüchternheit, die das Bild über Sie selbst und über andere verzerrt?

Eine Reinigung Ihrer Gedanken gelingt Ihnen, indem Sie alle Dinge aufschreiben, die Sie als negativ empfinden. Bilden Sie Sätze mit diesen Eigenschaften und drehen Sie das Negative ins Positive.Kleine Sätze auf Spickzetteln lassen sich überall in Ihrem Umfeld sichtbar aufhängen, sodass sie Ihnen immer wieder vor Augen geführt werden. Schlechte Gedanken lassen sich neu konditionieren, indem Sie die negativen Gedanken positiv formulieren und dieses so lange wiederholen, bis sich ein positives gutes Gefühl einstellt.

4. Ausdauer ist wichtig für die Entwicklung und Selbstfindung

Ein positives Selbstwertgefühl und die daraus entstehende Selbstliebe und Akzeptanz sind wichtige Faktoren, die Sie im Selbstfindungsprozess immer wieder neu formen, verändern und daran schleifen. Sie selbst sind ein Rohdiamant, aus dem nach und nach ein funkelnder, facettenreicher Edelstein wird.

Die Lebensprüfungen sind keine verschwendete
Zeit, sondern die Pflastersteine, die den Weg ebnen
und dabei helfen, verzwickte Situationen besser zu
meistern.

5. Leidenschaft und Disziplin

Leidenschaft und Disziplin sind wichtige
Eigenschaften im Prozess der Selbstfindung. Da der
Weg vielfach sehr steinig ist, wird Disziplin Sie dazu
bringen, auch in schwierigen Zeiten an Ihrem Ziel
festzuhalten. Sie engt nicht ein, sondern ist eine
wichtige Säule, die als Stütze dient und Sie
motiviert, weiter zu machen. Ihre Leidenschaft ist
die Triebfeder. Ihre Spannkraft gibt Ihnen die
Energie und Stärke, alle Aufgaben zu bewältigen
und zu Ihnen selbst zu finden.

6. Achtsamkeit

Achtsamkeit ist der Indikator für mehr Mitgefühl
und Akzeptanz, wodurch sich die Betrachtungsweise
verändert. Setzen Sie sich täglich mit den positiven
und negativen Dingen auseinander und schauen Sie

auf die Gedanken, die in diesen Momenten vorrangig waren. Schnell bekommen Sie durch dieses Resümee einen Einblick in die guten Dinge und die Dinge, die Sie verändern können. Es werden aber auch Situationen und Gegebenheiten auftauchen, die außerhalb Ihrer Einflussnahme liegen. Sie lassen sich mit Achtsamkeit herauskristallisieren und bewusst annehmen.

7. Vertrauen und Lebensfreude

Beides sind fundamentale Faktoren auf dem Weg zur Selbstfindung und Selbstverwirklichung. Die nötige Kraft, Ausdauer und Stärke wird nur bereitgestellt, wenn Sie Vertrauen zu sich selbst haben. Jedes Erlebnis und jede Erfahrung hat einen tieferen Sinn und bietet den Anstoß etwas zu verändern. Lebensfreude ist wichtig, um schwierige Situationen mit Humor zu sehen und über sich selbst zu lachen.

Die Stolpersteine und Hürden wiegen nicht mehr so schwer und sind eine Herausforderung, die Sie positiv einzuschätzen lernen.

Sie trennen sich von einer negativen Denkweise und betrachten solche Dinge mit einem Augenzwinkern und Lächeln, weil Sie sich nicht mehr jeden Schuh anziehen, der Ihnen hingestellt wird. Anders gesagt: Sie nehmen sich selbst nicht mehr so ernst!

8. Lieben Sie sich selbst und manifestieren Sie Ihr Wissen

Selbstliebe gehört zur Selbstfindung dazu! Damit ist nicht ein übertriebener Narzissmus gemeint. Vielmehr sollten Sie sich immer klar darüber sein, dass Sie selbst das Wichtigste sind! Lieben Sie sich selbst, mit all Ihren Fehlern und Schwächen. Wer sich selbst liebt, so wie er ist, kann auch Liebe geben und bekommt all diese Dinge auch zurück.

Zeigen Sie sich selbst gegenüber verständnisvoll, geben Sie sich Geborgenheit, spüren Sie Ihre Liebe, verzeihen Sie sich gemachte Fehler und schaffen Sie ein Umfeld, indem Sie sich wohlfühlen. Damit haben Sie das Fundament für mehr Selbstliebe und Selbstwertgefühl geschaffen.

Perfektionismus - eine positive Eigenschaft für die Selbstfindung?

Wer sich selbst finden möchte, sollte sich von einem überspannten Perfektionismus verabschieden. Denn der größte Fehler besteht darin, dass Sie keine Fehler machen wollen. Es gibt aber eine Differenzierung zwischen schlechter und guter Perfektion.

Schlechte Perfektion: Dahinter steckt vielfach der unerfüllte Wunsch nach Anerkennung und Beachtung, das Verlangen, alles besser kontrollieren zu können, um sich selbst zu schützen. Persönlichkeiten, die ein solches Verhalten an den Tag legen, stellen sich als willensstarke Menschen dar. Sie verfügen über eine harte Außenhaut und sind innerlich sehr sensibel. Die Motivation für ihr Tun und Handeln beruht auf einer Ausrichtung nach außen, die sich schnell zur Abwärtsspirale entwickelt, da keine Fehler gemacht werden wollen. Das artet in Stress aus und ist letztendlich zum Scheitern verurteilt.

Erfolgreiche Persönlichkeiten machen Fehler und zeichnen sich dadurch aus, dass sie diese nicht als schlimm ansehen und demzufolge daraus lernen.

Gute Perfektion: Sie ist, im Gegensatz zu der gerade beschriebenen Variante, eher auf die eigene Person bezogen, richtet sich nach innen und hat auch dort ihren Ursprung.

Solche Perfektionisten haben hohe Werte und Ansprüche an sich selbst und legen die Messlatte ein ganzes Stück höher als andere Menschen. Ihnen ist dabei wichtig, sich weiterzuentwickeln, zu wachsen und dem Idealbild jeden Tag ein Stück näher zu kommen. Im Prozess der Selbstfindung sind sie auf einem Weg mit Veränderungen. Diese entstammen den unterschiedlichsten Fragen, die sie sich bezüglich ihrer Person, ihren Wünschen, Visionen und ihrer Selbstverwirklichung stellen. Mit Perfektionismus entsteht ein Anspruch, der nicht nur zum Kampf, sondern auch zu Frust führen kann. Um diesem zu entgehen, sollten Sie Ihr Perfektionsstreben einmal genauer unter die Lupe nehmen.

Wer zu akribisch und kleinkariert den Weg zur
Selbstfindung beschreitet, setzt Erfolge und
Leistungen mit persönlichen Werten gleich und ist
letztendlich nur noch mit der
Selbstoptimierung beschäftigt. Daraus entsteht eine
narzisstische Selbstverwirklichung. Ein weiterer
Punkt, der Ihnen das Leben schwer macht, beruht
auf dem Schwarz-Weiß-Denken.

Alle Grauschattierungen haben keinen Stellenwert,
wodurch sich automatisch die Denkweise einstellt,
dass jeder, der in das Schwarz-Weiß-Schema nicht
hinein passt, ein Verlierer ist. Menschliche Fehler
mutieren dabei zu unüberwindbaren Hindernissen
bei der Selbstfindung und Selbstverwirklichung.
Weiterentwicklung und über sich hinauswachsen,
sich selbst zu verwirklichen bedeutet auch
Schwächen zu akzeptieren. Sie müssen sich selbst
nichts beweisen. Nehmen Sie Ihre
Unvollkommenheit als Schönheit und Glück an. Mit
der Einstellung höher, schneller, weiter begeben Sie
sich nur in ein Hamsterrad von Einflüssen, die von
außen an Sie herangetragen werden und Sie in eine

Form pressen wollen, die Ihre Selbstfindung komplett beschneidet. Sie müssen sich durch übertriebenen Perfektionismus keinem anderen beweisen.

Es geht nur um Sie selbst, um Ihre Entwicklung und das Herausfinden, wer Sie sind und wie Ihre wahren Wünsche, Träume und Visionen aussehen. Schwächen und Mängel erweitern sogar den Horizont. Das hat Christoph Kolumbus eindeutig bewiesen. Denn wäre ihm bei der Navigation nicht ein Fehler unterlaufen, hätte er Amerika niemals entdeckt. Erfolgreiche Wissenschaftler, Entdecker und Menschen haben eines gemeinsam.

Sie machen Fehler, improvisieren und experimentieren. Oftmals wird Perfektionismus auch dafür genutzt, sich selbst Gewissenhaftigkeit vorzugaukeln. Leider passiert es dabei viel zu oft, dass sich mit unwichtigen Dingen aufgehalten wird, anstatt sich mit den wichtigen Dingen zu beschäftigen, die Sie wirklich weiterbringen.

Eine spannende Strategie zur Selbstfindung ist anlegen, schießen, zielen! Besser gesagt: Im ersten Schritt starten Sie sofort durch, gehen danach direkt die Dinge an und justieren zum guten Schluss noch einmal nach!

Indem Sie sofort, ohne großes Überlegen und ausgefeilte Strategien an die Selbstfindung herangehen und gleich auf die Suche nach sich selbst gehen, haben Sie gute Chancen, schneller ans Ziel zu gelangen und Ihren Wunsch nach Selbstverwirklichung, mehr Selbstvertrauen, Selbstliebe, Selbstwertgefühl, Glück,... usw. zu erreichen.

Gehen Sie ruhig diesen nicht perfekt geplanten Weg!

Warum Sie sich von Perfektionismus verabschieden sollten

Das Streben nach Perfektion bringt nur Probleme mit sich, ist anstrengend und frustrierend, weil Sie sich selbst unter Druck setzen und den eigenen Ansprüchen nicht gerecht werden. Erreichte Ziele haben nicht den Stellenwert, der Ihnen eigentlich zusteht, obwohl damit wieder ein Schritt in Richtung Selbstfindung und Selbstverwirklichung gemacht wurde. Folgende Eigenschaften zeigen Ihnen, wie es um Ihren Perfektionismus bestellt ist:

1. Perfektionisten fühlen sich unfähig und faul

Sie sind wahre Arbeitstiere, kennen keine Pause und haben ein negatives Bild von Ihrer erbrachten Leistung. Ihre Wertschätzung sich selbst gegenüber liegt auf der Nulllinie. Häufig kommt dieses vor, wenn das gewünschte Ziel nicht im vorab festgelegten Zeitfenster erreicht wird. Doch bei der Selbstfindung, dem Aufbau von Selbstvertrauen und der anschließenden Selbstverwirklichung gelten andere Maßstäbe, weil eine große Veränderung damit einhergeht und Sie sich aus dem fremdbestimmten Leben in eine selbstbestimmte Zukunft begeben. Dieses ist nicht nach einem bestimmten Schema, von jetzt auf gleich und schon gar nicht mit einer Stoppuhr in der Hand möglich. Geben Sie sich die nötige Zeit, um Selbsterkenntnisse zu verarbeiten und neu zu konditionieren.

2. Perfektionisten ertragen keine Kritik und nehmen alles persönlich

Perfektionisten sind die größten Kritiker und hinterfragen alle Dinge bis ins Detail. Dadurch fällt es diesen Menschen sehr schwer, Kritik von anderen zu akzeptieren, weil damit eventuell ein Fehler aufgedeckt wird.

Eine andere Meinung sollte für Sie kein Angriff auf Ihre Persönlichkeit darstellen, sondern vielmehr ein Denkanstoß sein, der Sie wieder einen Schritt nach vorne bringt.

Versuchen Sie zukünftig nicht noch verbissener Ihre Selbstverwirklichung voranzutreiben, sondern lernen Sie abzuwägen, ob die anderen Meinungen als neue Erkenntnis im Prozess der Selbstfindung verwertbar sind.

Ein Abschied von der Perfektion macht es Ihnen leichter, sodass Sie unbeschwerter Ihre Persönlichkeit kennenlernen und an Ihrer Selbstverwirklichung arbeiten können.

Selbstannahme – eine Tugend sich selbst zu erkennen und wertzuschätzen

Im Selbstfindungsprozess ist Selbstannahme beziehungsweise Selbstakzeptanz sehr wichtig. Denn dabei handelt es sich um die Fähigkeit, sich mit allen Vorzügen und negativen Seiten zu erkennen, sich anzunehmen und wertzuschätzen. Sie lernen sich selbst zu lieben, so wie Sie sind. Sie sind sich selbst genug. Für den Begriff Selbstannahme gibt es die verschiedensten Synonyme und Begriffe, die Ihnen garantiert bekannt vorkommen:

- Selbstachtung
- Selbstwertgefühl
- Selbstliebe
- Selbstvertrauen
- Selbstbestätigung

Wenn Sie zu Selbstakzeptanz fähig sind, verfügen Sie über positive Stärken und Eigenschaften.

Sie haben Sinn für Humor, können Selbstkritik üben, besitzen mentale Stärke, sind geistig unabhängig, verfügen über einen realistischen Optimismus, Lebensfreude, Dankbarkeit und Zufriedenheit. Diese Eigenschaften führen dazu, dass Sie gütiger mit sich selbst umgehen und sich mehr Freiheiten und Fehler zugestehen.

Während des Selbstfindungsprozess schaffen Sie mit Selbstannahme eine wichtige Voraussetzung für Veränderungen.Menschen, denen es an Selbstakzeptanz fehlt, verfallen in Selbstzweifel und Selbstverurteilung, die sogar in Selbsthass enden kann.

Es werden nur die schlechten Eigenschaften und Mängel gesehen. Sie führen zu einer Sucht nach Anerkennung und Bestätigung, die schlussendlich in purem Selbstschutz und chronischer Arroganz enden. Es gibt eine feine Grenze zwischen Selbstliebe, Selbstannahme und Selbstverliebtheit. Letztere ist Ausdruck für Selbstsucht und Narzissmus. Selbstverliebte Menschen stellen sich auf einen hohen Sockel und halten sich für großartig und fehlerlos.

Wer in der Lage ist, sich selbst anzunehmen, kennt seine Schwächen, akzeptiert sie und arbeitet stetig weiter an sich selbst. In der Selbstfindungsphase ergeben sich durch Selbstakzeptanz Veränderungen oder Verbesserungen der Persönlichkeit, weil Sie Ihr Bild von sich selbst weiter zusammenfügen und zu einem Gesamtbild werden lassen. Bei der Selbstannahme sind nicht die Fehler und Schwächen der Anstoß.

Daher heißt es nicht: „Erst, wenn ich besser bin, kann ich mich selbst und andere mich lieben und wertschätzen". Vielmehr sind sie der Auslöser dafür, die vorhandenen Potenziale zu nutzen. So wie Sie sind, sind Sie schon gut. Doch verbessern können Sie sich immer noch!

Mit Selbstakzeptanz zahlreiche Türen öffnen

Selbstakzeptanz hat in Verbindung mit Selbstfindung einen hohen Stellenwert, da sie der Schlüssel für Zufriedenheit, innerer Freiheit, Erfolg und Glück sind. Sie hat große Wirkung in vielen Bereichen. Leider neigen Menschen dazu, sich auf Unzulänglichkeiten, Fehler und Rückschläge zu fokussieren und verlieren dabei den Blick für die bereits erreichten Erfolge.

Die Folgen von Selbstakzeptanz haben eine große Wirkung auf die Persönlichkeitsentwicklung und stellen sich folgendermaßen dar:

- **Sie erhalten mehr Selbstbewusstsein:** Durch Selbstakzeptanz entwickeln Sie mehr Sicherheit, sodass Sie in der Lage sind, selbstbewusster zu handeln und zu entscheiden.

- **Sie sind in der Lage, sich weiterzuentwickeln:** Auch wenn Sie genau wissen, wo Sie stehen und Ihren Status Quo kennen, müssen Sie nicht dabei bleiben. Diese Erkenntnisse können der Ausgangspunkt dafür sein, neue Dinge zu versuchen und sich weiterzuentwickeln.

- **Kritik verliert an Gewicht:** Gerade, wenn Kritik dem Selbstbild widerspricht, wirkt sie verletzend und schmälert das Selbstwertgefühl, weil ein wunder Punkt berührt wird. Wer sich aber selbst akzeptiert, weiß um seine Fehler und Schwächen. Kritik lässt sich konstruktiv annehmen und wird nicht als persönlicher Angriff gewertet.

- **Ehrlichkeit sich selbst gegenüber:** Eines der schwierigsten Dinge ist Ehrlichkeit zu sich selbst. Darum belügen sich Menschen selbst immer wieder, weil sie sich damit schützen wollen. Lügen werden auch dafür genutzt, um sich besser darzustellen.

Unehrlichkeit kommt meist unbewusst zum Einsatz, um Fehler zu vertuschen. Wer sich selber annimmt, kann zu seinen eigenen Fehlern stehen.

- **Lebensfreude stellt sich ein:** Die gesamte Wahrnehmung wird durch Selbstakzeptanz beeinflusst. Sie sehen nicht nur viele Dinge mit anderen Augen, sondern verfügen auch über eine gewisse Selbstzufriedenheit. Das Leben verläuft unter dem Gesichtspunkt: „Ich bin, wie ich bin und Du bist, wie Du bist". Sie laufen keinem fremdbestimmten Bild von sich selbst hinterher. Das macht glücklicher und dankbarer, da Sie sich so angenommen haben, wie Sie sind.

- **Erwartungshaltung und Zufriedenheit:** Die Erwartungshaltung an sich selbst ist vielfach sehr hoch gesteckt und damit kaum erfüllbar. Dementsprechend ergibt sich eine große Unzufriedenheit, die sich auf die Persönlichkeit auswirkt, gerade wenn nicht alles so funktioniert, wie Sie sich das vorgestellt haben. Schrauben Sie Ihre Erwartungshaltung ruhig herunter. Damit relativieren Sie die Dinge und geben Ihnen den Stellenwert zurück, den diese eigentlich einnehmen.

Übungen, um Selbstannahme zu lernen

Selbstannahme ist bei der Selbstfindung sehr wichtig, gelingt aber den wenigsten direkt auf Anhieb, weil die eigenen Ansprüche und die von außen viel zu hoch sind, den eigenen Fehlern zu viel Gewicht gegeben wird oder die eigene Unzufriedenheit zu hoch ist. Im ersten Anschein mag dieses alles als Blockade oder Barriere gesehen werden.

Barrieren sind dazu da, dass Sie diese überwinden, indem Sie etwas Zeit investieren und Selbstannahme erlernen.

Ja, es funktioniert, mit einer guten Portion Ehrlichkeit und diesen nachfolgenden Übungen:

1. Machen Sie eine Bestandsaufnahme und begeben Sie sich an die Startlinie.

Um Selbstakzeptanz zu lernen, sollten Sie eine Bestandsaufnahme machen und sich Ihre Persönlichkeit einmal genauer anschauen. Auch wenn Sie glauben, dass Sie sich selbst am besten kennen, ist auffällig, dass Fremdbild und Selbstbild vielfach weit auseinander liegen.

Am Anfang ist eine ehrliche Reflexion der Stärken und Schwächen sehr wichtig. Tiefe Einblicke geben Ihnen dabei Ihre Freunde und die Familie, die zu Ihrer Persönlichkeit sehr gut ein Feedback abgeben können.

Das Bild, welches sich aus dieser Bestandsaufnahme ergibt, ist einigermaßen objektiv. Vielleicht zeigt Ihnen dieses Bild sogar, dass Sie viel weniger Fehler und Schwächen haben.

2. Lob ist das Salz in der Suppe

Sie selbst sind immer Ihr schärfster Kritiker und gehen gnadenlos mit sich selbst ins Gericht. Doch was steckt dahinter, dass Sie so kritisch mit sich selbst sind? Es ist nicht die Angst davor überheblich zu erscheinen.

Sie haben schlichtweg nicht gelernt, dass Eigenlob nicht stinkt! Wenn Sie sich selbst loben, hat das nichts mit profilieren zu tun, sondern damit, sich selbst Zugeständnisse zu machen. Sie können das! Sie sind wer! Sie haben die Leistung erbracht und dürfen dafür die Lorbeeren ernten! Selbstlob ist eine wichtige Grundlage für Selbstakzeptanz. Wer nicht selbst von sich überzeugt ist und sich nicht hin und wieder selbst lobt, muss sich nicht wundern, wenn er kein Lob von anderen bekommt.

3. Erforschen Sie „IHRE" Erwartungen

Verabschieden Sie sich von dem Gedanken, allen Erwartungen gerecht werden zu müssen. Dabei vergessen Sie schnell die eigenen Erwartungen, die Sie an sich und Ihr Leben stellen. Sie sind aber die wichtigsten von allen!

Werden Sie sich im Klaren darüber, welche Erwartungen Sie an sich selbst haben: Was erwarten Sie von Ihrem Leben? Wie sehen Ihre Ziele aus? Was wollen Sie erreichen? Was ist der Beweggrund dafür? Für ein selbstbestimmtes Leben sind nur die eigenen Erwartungen wichtig, an denen Sie sich messen sollten. Ein Spickzettel ist eine gute Erinnerung daran, dass Sie Ihre Ziele erreichen können. Das können Motivationssprüche sein oder auch Ziele, die Sie bereits erreicht haben. Sie zeigen Ihnen, was Sie bereits geschafft haben und spornen Sie an, weiterzumachen.

Selbstreflexion – wichtiger Baustein im Prozess der Selbstfindung

Haben Sie heute schon einmal darüber nachgedacht, was Ihr größter Erfolg war? Sagen Sie jetzt nicht, dass heute nichts Weltbewegendes passiert ist. Erfolge gibt es immer und jeden Tag, auch wenn es nur kleine oder Teilerfolge sind.

Durch mangelnde Selbstreflexion werden Sie sich den vielen Erfolgen, die Sie tagtäglich haben, gar nicht mehr bewusst. Dabei ist das Reflektieren der Schlüssel zum Erfolg und von großer Bedeutung.

Es gibt genug Menschen, die jetzt den Einwand haben, dass mit täglichem Erfolg ein großer Druck aufgebaut wird. Doch solche Gedanken spiegeln nur wider, dass diese nicht wissen, wobei es um Reflexion geht. Es ist nicht der Zwang, erfolgreich zu sein, sondern die kleinen Besonderheiten, die einem am Tag beschert werden, zu entdecken. Dazu gehören beispielsweise die dinge, die Sie heute erlebt haben.

Durch Selbstreflexion stellt sich eine positive Sichtweise auf das eigene Leben ein und ist der Auslöser für Erfolg, Zufriedenheit und Glück. Abends wird oftmals nur darüber nachgedacht, was Sie verärgert hat und was nicht gut gelaufen ist. Natürlich passieren diese Dinge auch. Doch worauf sollten Sie sich wirklich konzentrieren? Auf den Streit mit dem Kollegen oder auf die gut gelaufene Präsentation?

Zitat: „Man sollte vor allem in sich selbst investieren. Das ist die einzige Investition, die sich wirklich tausendfach auszahlt." Warren Buffet (Milliardär und Großinvestor)

Eine weitere Aussage hat der US-Soziologe Robert K. Merton 1968 formuliert. Seine Formel lautet: „success breeds success" und beschreibt das Prinzip der Rückkopplung. Dabei bezog er sich bei seiner These darauf, dass prominente Autoren häufiger zitiert wurden als andere. Dieses wiederum hatte zur Folge, dass ihre Prominenz gesteigert wurde. Bekannt ist dieses Phänomen auch als „Matthäus-Effekt".

Genau dieses lässt sich auch im Alltag nutzen. Je öfter Sie sich selbst reflektieren und sich abends die Frage stellen, welchen Erfolg sie heute hatten, desto eher sehen Sie die positiven Dinge, die sonst von Negativem überschattet werden. Sie haben allen Grund zu feiern und sich Ihrer Erfolge zu erfreuen, auch wenn Sie augenscheinlich noch so klein sind.

Dabei blenden Sie nicht einfach alle Pannen und Fehler aus. Sie gehören genauso zur Selbstreflexion, da Sie daraus eine Menge lernen können und tolle Impulse erhalten.

Selbstfindung und negative Gedanken

Durch Familie, Freunde, Umfeld und die Gesellschaft ergibt sich eine Konditionierung, die nicht nur das eigene Weltbild bestimmt, sondern auch großen Einfluss auf die Denkweise hat.

Diese Muster sind tief verwurzelt und stammen oftmals nicht von Ihnen selbst. Beim Beobachten von Menschen ist auffällig, dass falsche Meinungen und negative Gedanken mit 100-prozentiger Überzeugung vertreten werden. Ihnen fehlt der Weitblick, diese als eine der vielen Möglichkeiten zu sehen und sie stufen sie als unumstößliche Wahrheit ein. Die große Gefahr besteht darin, dass andere Wahrheiten gar nicht zugelassen werden. Wer sich unreflektiert seiner einzigen Wahrheit hingibt, lebt an der Realität vorbei und wird nie Selbsterkenntnis erlangen, um sich selbst zu finden. Selbstfindung bedeutet, viele Dinge infrage zu stellen, auch die negativen Gedanken. Dabei steht Ursachenforschung an erster Stelle. Woher kommen die negativen Gedanken?

Diese Grundannahme kommt vielfach nicht von Ihnen selbst, sondern wurde ohne zu hinterfragen einfach übernommen. Sie entsprechen weder der Realität, noch geben sie wider, wie Sie sind und was Sie darstellen. Doch welchen Nutzen haben negative Gedanken bei der Selbstfindung?

Negative Gedanken verleiten dazu, in Selbstmitleid zu verfallen. Die Nutzen, die sich daraus ergeben, sind Trost und Beachtung, die es dafür gibt, wenn Sie sich schlecht fühlen. Also verfallen Sie immer wieder in diese Schleife, um sich Ihre vermeintliche „Belohnung" abzuholen. Grundsätzlich sollten Sie sich bei negativen Gedanken, in welcher Form auch immer, Gedanken darüber machen, was dahinter steckt. Das menschliche Gehirn ist darauf programmiert nachzudenken, zu lernen und Lösungen zu finden. Die eigentliche Intention ist immer positiv gestaltet, wird aber durch Einflüsse von außen manipuliert. Genauso gibt es nicht für alle Dinge eine Lösung, wodurch schwierige Entscheidungssituationen entstehen.

Viele Menschen haben auch Angst vor Entscheidungen, weshalb sie diese nach Möglichkeit vermeiden. Ob eine Entscheidung oder ein neu eingeschlagener Weg richtig oder falsch ist, zeigt sich meist erst, wenn der erste Schritt in die Richtung gemacht wurde. Es gibt nicht einfach eine Fehlermeldung, die zur Vorsicht ermahnt.

Jede Entscheidung, die Sie während Ihrem Selbstfindungsprozess treffen, ist weder falsch noch richtig. Es zählt einzig und alleine wofür Sie sich entscheiden. Dabei erfahren Sie niemals, was passiert wäre, wenn Sie dem anderen Weg den Vorzug gegeben hätten. Um sich selbst zu finden, suchen Sie nach Gründen, warum Sie so sind, wie Sie sind. Lernen Sie zu erkennen, dass es nicht nur Ihre, sondern viele andere Wahrheiten und Realitäten gibt. Die eigenen Gedanken sind nur Interpretationen und Betrachtungsweisen, wie die Realität aussehen könnte. Öffnen Sie sich für die vielen Möglichkeiten, die Ihnen bei der Selbstfindung geboten werden und finden Sie Ihre neue, eigene Wahrheit heraus, die mit Ihren

Wünschen, Träumen und Visionen konform geht. Dafür müssen Sie Entscheidungen treffen. Wieder wird über die Konsequenzen nachgedacht. Diese bieten Ihnen aber den positiven Effekt, dass Sie Ihr Selbstvertrauen und Ihr Selbstbewusstsein stärken.

Die innere Stärke, die sich dabei einstellt, verhilft Ihnen dazu, vielen Situationen mit Gelassenheit gegenüberzutreten. Rückschläge haben nicht mehr so großes Gewicht und werfen Sie nicht mehr so schnell aus der Bahn. Indem Sie andere Möglichkeiten in Betracht ziehen, ebnen Sie sich den Weg zu mehr Selbsterkenntnis und erhalten einen ganz neuen Blickwinkel Ihre Fähigkeiten, genauso wie auf Ihre Fehler und Schwächen. Negative Denkweise lässt sich durch positive Sprache verändern. Hören Sie sich selbst einmal genau zu und achten Sie auf die gesagten Worte. Negative Dinge lassen sich durchaus auch in positiven Worten verpacken und verlieren dadurch an Kraft.

7 einfache Tipps, um sich selbst zu finden

Es gibt eine Vielzahl von Möglichkeiten, um herauszufinden, wer Sie sind und was Sie wirklich wollen. Sie bieten Ihnen die Chance, mehr Selbstvertrauen zu entwickeln, sich selbst zu verwirklichen und glücklich zu sein. Dafür müssen Sie nur herausfinden, was Sie im Leben glücklich macht und Ihnen ein erfüllendes Gefühl gibt. Sie müssen dabei gar nicht viel Denken. „Machen" lautet die Devise! Denn nur wer handelt, schafft Veränderungen. Die folgenden Tipps sind kleine Anregungen, die sich einfach umsetzen lassen und Ihnen bei der Selbstfindung behilflich sind. Fangen Sie einfach an!

1. Neue Literatur lesen!

Wenn Sie gerne lesen, sollten Sie sich ein neues Buch kaufen. Damit sind nicht die Neuerscheinungen gemeint, sondern vielmehr Bücher, die sich mit einem neuen Themengebiet beschäftigen.

Eine Alternative zu Romanen sind beispielsweise spannende Biografien von bekannten Persönlichkeiten, ein Buch über Kunst und Kultur, Erfolgs- und Lebensliteratur oder Bücher aus dem Esoterik-Bereich.

Für mehr Bücher zum Thema Persönlichkeitsentwicklung uvm., besuchen Sie sehr gerne meine Buch- und Autorenseite auf Amazon. Geben Sie dafür einfach <u>*Leoni Herzig*</u> *in die Suchleiste ein.*

Sie sind nicht nur spannend, sondern haben auch eine horizonterweiternde, motivierende Wirkung, sorgen dafür, dass Sie in eine neue Gedankenwelt eintauchen und daraus Erkenntnisse für sich selbst ziehen können. Neues Gedankengut ist der erste Schritt, um etwas zu verändern. Es gibt Ihnen die nötige Energie und Motivation.

2. Machen Sie etwas, was Sie bisher noch nie gemacht haben!

Es gibt eine Vielzahl von Dingen, wo Sie ganz besondere Erfahrungen sammeln können, die Sie bisher garantiert noch nicht gemacht haben. Wie sieht es mit einem Erfolgsseminar, einer Woche in einem Kloster, einem Kurs in Rhetorik oder einem Yoga Kurs aus?

Vielen, der angebotenen Möglichkeiten eilt ein schlechter Ruf voraus. Trotz alledem sind sie perfekt dafür geeignet, neue Erfahrungen zu sammeln und dem eigenen Verständnis neuen Input zu geben. Sie treffen dort auf Menschen, denen es vielleicht genauso geht wie Ihnen. Sie wollen auch herausfinden, wer sie eigentlich sind. Auch wenn Ihr Verstand Ihnen sagt, dass es eine schwachsinnige Idee ist, kann ein solches Seminar das Leben verändern und neue Einblicke bereitstellen. Für die Selbstfindung sind solche neuen Wege ein guter Anfang.

Tipp: Christian Bischoff Motivationstipps

3. Vorbilder suchen, die Sie inspirieren

Mit Selbstfindung wollen Sie mehr über sich selbst erfahren und herausfinden, wer Sie sind und was Sie wollen. Sowohl in der Geschichte, wie auch in der Gegenwart gibt es genug Persönlichkeiten, die Selbstvertrauen, Selbstbewusstsein und Stärke haben. Sie haben im Leben etwas erreicht und sind damit ein gutes Vorbild!

Indem Sie sich mit Menschen umgeben, die bereits das erreicht haben, was Sie gerne erreichen würden, haben Sie Ihr Vorbild gefunden. Dieser Mensch kann gleichzeitig Ihr Mentor sein und Sie in vielerlei Hinsicht unterstützen. Suchen Sie mit solchen Menschen das Gespräch. Durch Neugier, Offenheit und den geistigen Austausch bekommen Sie tiefe Einblicke in sich selbst, die Ihnen auf dem Weg zur Selbstfindung helfen.

4. Neue Dinge ausprobieren

Haben Sie nicht auch einen geheimen Wunsch, den Sie sich bisher nicht erfüllt haben? Warum nicht? Wovor haben sie Angst? Ihre Angst vor Neuem ist unbegründet. Denn neue Wege eröffnen Ihnen viele, ungeahnte Möglichkeiten.

- ☐ Gehen Sie endlich zum Tango Kurs, den Sie schon so lange machen wollten!
- ☐ Machen Sie Urlaub als Backpacker und entdecken Sie die Ursprünglichkeit eines Landes
- ☐ Starten Sie endlich mit dem Meditationskurs oder dem Fitnesstraining

Indem Sie neue Dinge beginnen, stellen sich definitiv neue Gedanken ein. Sie lernen neue Menschen kennen und bekommen dadurch neue Sichtweisen auf sich selbst und das Leben. Alle Dinge, die Sie ausprobieren, erweitern Ihren Horizont. Sie lernen sich besser kennen und finden heraus, was Ihnen Freude bereitet.

5. Grenzen Sie sich ab und hören Sie auf Ihre innere Stimme

Alle Antworten auf Ihre Fragen finden Sie in sich selbst. Sie müssen lediglich auf die Antworten aus Ihrem Inneren hören und Ihre Gefühle wahrnehmen. Mit etwas Übung gelingt es Ihnen, ganz bewusst in sich hinein zu fühlen und zu hören. Dabei zeigt sich sehr schnell, was andere wollen und was Ihre persönlichen Wünsche sind. Gleichzeitig können Sie klare Grenzen ziehen.

Um dieses umzusetzen sind Meditation, autogenes Training und Dinge wie Massagen sehr hilfreich, wo Sie sich fallen lassen können, den Kopf ausschalten und nur Ihre Empfindungen wahrnehmen.

6. Immer in Bewegung bleiben

Wer keine klare Vorstellung davon hat, was er erreichen möchte, wird niemals sein Ziel erreichen. Das gilt bei der Selbstfindung, genauso wie in vielen anderen Bereichen. Ziele halten Sie in Bewegung. Klar gibt es Rückschläge und falsche Entscheidungen. Sie sind der Motivator, um wieder neu anzufangen und überlegter zu handeln.

Es ist nicht unbedingt nötig, dass Sie sich bewusst Ziele setzen. Vielfach ergibt sich der nächste Schritt ganz automatisch, wenn Sie den ersten gegangen sind. Behalten Sie immer im Auge, worum es Ihnen geht. Damit geben Sie die Grundrichtung vor und lassen sich nicht einfach nur treiben. Selbstfindung steht in enger Verbindung zu Selbsterkenntnis, Annahme und dem Wunsch nach Veränderung. Bringen Sie Bewegung in Ihr Leben, versuchen Sie aber nichts übers Knie zu brechen. Entwicklung braucht Zeit, die Sie sich bei der Selbstfindung unbedingt geben sollten.

7. Loslassen lernen!

Immer wieder geraten Dinge außer Kontrolle und entwickeln eine ungeahnte Eigendynamik. Seien Sie sich einfach bewusst, dass Sie nicht alles kontrollieren können, weil viel zu viele Eventualitäten Einfluss darauf haben.

Verschwenden Sie nicht Ihre kostbare Zeit, sondern lassen Sie los, leben Sie bewusst und seien Sie neugierig. Stellen Sie sich den Herausforderungen und finden Sie heraus, was Sie wollen und wohin Sie Ihr Weg führen soll. Erwartungen haben dabei nichts zu suchen und sollten das hier und jetzt nicht beeinflussen.

Schwierigkeiten bei der Selbstfindung überwinden

Stolperfallen gibt es natürlich auch bei der Selbstfindung. Sie werden garantiert an den Punkt kommen, wo Sie sich im Kreis drehen und nicht mehr weiter wissen. Finden Sie beispielsweise nichts, was Ihnen Freude bereitet, kann dieses tief in Ihrer Einstellung verwurzelt sein. Vielleicht verbieten Sie sich unbewusst Freude haben zu dürfen. Eine solche unbewusste Denkweise ist vielfach in der Kindheit verwurzelt. Es ist eine trotzige Reaktion, die sich auf Ihr Leben, Ihr Umfeld oder Ihre Eltern beziehen kann. Versuchen Sie den Grund herauszufinden. Wenn Ihnen das schwerfällt, sollten Sie sich nicht scheuen, professionelle Hilfe in Anspruch zu nehmen. Menschen, die an nichts Freude haben, schaden sich selbst und werden niemals eine positive Einstellung erlangen. Falls Sie bisher noch nichts gefunden haben, was Ihnen wirklich Spaß macht, sollten Sie nicht gleich die Flinte ins Korn werfen, sondern weiter am Ball bleiben. Probieren Sie alles aus, was sich Ihnen bietet. So werden sich garantiert neue Wege für Sie auftun.

Tauchen Sie in Ihre Gefühlswelt ein und spüren Sie Ihren Körper. Das gelingt Ihnen, indem Sie Ihre Gedanken loslassen. Sie kennen die Situationen, dass Sie Ihrer Gedanken komplett vereinnahmen und keine Lösungswege gefunden werden.

Das ist logisch! Denn die Antworten befinden sich nicht in Ihrem Kopf, sondern ergeben sich aus Handlungen, dem Ausprobieren und den Empfindungen, die sich dabei einstellen. Bringen Sie Ihre Wünsche, Bedürfnisse sowie Ihre Gefühle in Einklang! Wenn Sie nicht wissen, was Sie wollen, sollten Sie neue Dinge ausprobieren und Ihre Zielsetzung noch einmal überdenken.

Machen Sie ruhig verrückte Sachen. Gerade diese geben Ihnen das Gefühl, dass Leben in Ihnen steckt. Sie denken jetzt sicherlich: „Schon wieder alles umkrempeln und wieder von vorne anfangen!" Es ist kein Neuanfang des Selbstfindungsprozesses, sondern nur ein Neustart, wo Sie die bereits erlangten Erkenntnisse über sich selbst nutzen.

Selbstfindung - ein lebenslanger Entwicklungsprozess

Auch wenn die Psychologie die Selbstfindung als Lernprozess im Zeitraum zwischen dem Übergang von der Jugend zum Erwachsenendasein ansieht, hört damit der Selbstfindungsprozess noch lange nicht auf.

In dieser Übergangszeit wird ihr eine große Bedeutung im Bezug auf die Orientierung bei schwierigen Entscheidungen beigemessen und gehört eng zur Persönlichkeitsentwicklung dazu. Der Zusammenhang zwischen Gesellschaft und Einzelpersönlichkeit ist untrennbar miteinander verbunden, da es keine isolierte Entwicklung und Erkenntnisse gibt. Bei der Selbstfindung geht es vielmehr darum, bei sich selbst im sozialen Umfeld anzukommen.

Der Prozess der Entwicklung ist aber nicht mit dem Eintritt ins Erwachsenenalter abgeschlossen. Über das gesamte Leben hinweg ist die Persönlichkeit immer noch weiter ausbaufähig.

Die verinnerlichten Einflüsse von außen werden Infrage gestellt. Neben Familie, Freundeskreis, Arbeit und Gesellschaft, spielen auch genetische Prägungen eine Rolle. Dazu gehören Talente, Fähigkeiten und Sensibilität, gerade wenn es um eine neue Orientierung oder das Verändern des Lebensweges und um neue Ziele geht. Sie schauen praktisch in einen Spiegel. Das Spiegelbild zeigt Ihnen wie Sie sich und wie andere Sie sehen. Findet ein Mensch einen festen Platz im Leben, hat er für gewöhnlich ein gutes Selbstbewusstsein. Er erfährt Bestätigung, Erfolg und Anerkennung, nicht nur im Beruf, sondern auch privat.

Der Mensch ist immer in Bewegung, wenn es um Selbstfindung geht. Es gibt keinen Stillstand, weil immer wieder eine neue Orientierung stattfindet. Es wird stetig daran gearbeitet, das soziale Umfeld und die eigene Persönlichkeit in Einklang zu bringen. Dabei wird kritisch begutachtet. Nicht nur die eigenen Bedürfnisse, sondern auch die der anderen werden dabei in Augenschein genommen. Eine wichtige Ausrüstung dafür ist ein gesundes Selbstbewusstsein.

Zum Rüstzeug gehört zudem Selbstvertrauen und Selbstliebe. Die daraus resultierende Persönlichkeit bietet damit alles, um wahrgenommen und akzeptiert zu werden. Durch Selbstvertrauen haben Sie das beste Fundament, um sich selbst nicht mehr so ernst zu nehmen und über sich selbst zu lachen. Geben Sie mit Selbstfindung Ihren Bedürfnissen den nötigen Raum, um sich entfalten zu können und kommen Sie zur Ruhe.

Gerade in dieser Phase werden oftmals neue Zielsetzungen gefunden, die Ihre Lebensweise positiv verändern. Sie erlangen eine positive Sicht auf sich selbst, die auch von Ihrem Umfeld wahrgenommen wird. Stellen Sie sich die Frage, was Sie wirklich wollen. Diese Frage wird Sie Ihr ganzes Leben begleiten, damit Sie Ihren Platz finden. Sie besinnen sich dabei immer wieder auf die Selbstfindung, auch wenn Veränderungen und Schwierigkeiten gerade im Wege stehen. Wichtig ist Achtsamkeit und das Besinnen auf sich selbst. Gehen Sie mit Gelassenheit an neue Aufgaben und Anforderungen heran.

Es gibt eine enge Verbindung zwischen Selbstbewusstsein und Achtsamkeit, die sich positiv auf die Selbstfindung auswirkt. Verabschieden Sie sich von dem Gedanken, dass Selbstfindung etwas mit andauerndem Profilieren gemeinsam hat. Sie finden Ihren Platz nur, wenn Sie den Mitmenschen im Berufsleben und Privat mit Akzeptanz und Rücksicht begegnen.

Entwickeln Sie Selbstbewusstsein und nicht rücksichtslosen Egoismus. Selbstbewusstsein ist der Schlüssel zur Toleranz, die Sie anderen und sich selbst gegenüber walten lassen. Hören Sie auf, ständig über sich selbst nachzudenken. Nutzen Sie die Zeit lieber für Gedanken über Ihren eigenen Lebensweg.

Selbstfindung ist ein Bestandteil der Persönlichkeitsentwicklung und öffnet Ihnen viele weitere Türen.

"Lassen Sie die Chancen nicht an Ihnen vorbeiziehen, sondern schauen Sie genauer hin. Es werden sich Erkenntnisse ergeben, die Sie bis jetzt noch nicht erkannt haben. Es ist nie zu spät, um mit Selbstfindung auf eine spannende Reise zu gehen und Ihr wahres Ich zu finden."

Ende 2 von 3

3 von 3
Selbstliebe

Warum komme ich dazu, dieses Buch zu schreiben?
Das ist eine sehr gute Frage. Ich gehe davon aus, dass ein gutes Selbstwertgefühl und eine gesunde Selbstliebe dazu beiträgt diese Welt zu einer besseren zu machen.

Zumindest ist dies der Fall schon mal für einen selbst. Also die eigene Welt wird definitiv besser, wenn man den Blick entsprechend verändert. Ich selbst war nicht immer so glücklich und zufrieden mit mir und meinem Leben, wie es jetzt der Fall ist. Beruflich arbeite ich sehr viel mit Menschen die Probleme mit ihrem Alltag und der Bewältigung der alltäglichen Aufgaben haben und nicht selten liegen die Ursachen dieser Probleme darin, dass diese Menschen nie gelernt haben an sich selbst zu glauben oder sich selbst zu lieben.

Um im folgenden Buch nun tiefer reinzugehen, wie man sich selbst lieben kann oder wie man sich selbst mehr wertschätzen kann, kommt man nicht daran vorbei die Ursachen zu analysieren und sich selbst zu hinterfragen.

Vorab möchte ich jedoch erwähnen, dass ich gelernt habe stets nach vorne zu blicken und ich deshalb auch gar nicht so viel in der Vergangenheit herumstochern möchte.

Was geschehen es ist geschehen und damit sollte man seinen Frieden finden. Sicher kann man sich über manches in der Vergangenheit ärgern, es bereuen oder darüber traurig sein. Die Frage allerdings ist auch entscheidend, ob man diese Dinge ändern kann. Ändern kann man meiner Meinung nach nur die Dinge, die in der Zukunft bzw. im Hier und Jetzt geschehen. Man muss also irgendwie seinen Frieden finden mit dem, was passiert ist.

Dies geschieht einerseits, indem man akzeptiert, was man nicht ändern kann und andererseits, indem man versucht besser zu machen was man hätte besser machen können. Das Leben ist ein ständiger Prozess, eine stetige Entwicklung. Alles was wir tun ist eine Übung für das Nächste.

Wenn man dabei konsequent versucht immer das Beste daraus zu machen und gleichzeitig mögliche Fehler untersucht, ehrlich hinterfragt und nach Verbesserungsmöglichkeiten strebt, dann kann es buchstäblich nur noch besser werden. Ich selbst habe früher in meiner Jugend auch oft zu kämpfen gehabt. Ich war eine Außenseiterin, ein Nerd, manche würden sagen ein Loser. Vielleicht hat es daran gelegen, dass mein Vater sehr streng war oder daran, dass ich mit neun Jahren eine Brille bekommen habe und Angst hatte, sie könnte kaputtgehen.

Doch ich habe es geschafft heute eine erfolgreiche Geschäftsfrau zu sein, ich bin mit einem wunderbaren Mann verheiratet, ich kann jetzt Urlaub machen, wo ich möchte und wenn die Waschmaschine einmal kaputtgeht, mache ich mich nicht verrückt, weil genug auf dem Konto ist und ich es ohne Probleme bezahlen kann. Im Übrigen bin ich heute meinem Vater sehr dankbar, dass er manchmal so hart zu mir war. Vielleicht geht es Ihnen auch so, dass rückblickend manches Negatives heute für Sie sogar positive Folgen hat. Mir ist es ein Anliegen, dass es Ihnen nach dieser Buchreihe besser geht und Sie glücklicher leben können. Schritt für Schritt werden Sie es schaffen beruflich erfolgreich zu sein, in der Liebe glücklich zu werden, den oder die Partner/in zu finden, wie Sie sich es wünschen und mit Ihrem Leben rund-um-zufrieden zu sein.

Allerdings möchte ich Ihnen nicht die Illusion vermitteln, dass dies ohne Ihr Zutun geschieht.

Man sagt, aller Anfang ist schwer und man sagt, man muss bei sich selbst anfangen. Nun, es ist so, da brauche ich mir nichts vorzumachen.

Wenn man diese Tatsache nicht wahrhaben möchte und man auch glaubt, man müsse nichts für sein Glück tun, so können Sie dieses Buch jetzt schließen und zur Seite legen. Aber natürlich machen Sie das nicht.

Sollten Sie jedoch Ihr Leben wirklich verbessern wollen und an sich arbeiten, so gratuliere ich Ihnen schon jetzt für diese Entscheidung.

Unabhängig davon, ob die wertvollen Tipps in diesem Buch Ihnen helfen werden, sind Sie mit dieser Einstellung garantiert auf dem richtigen Weg. Ich kann Sie aber auch noch weiter beruhigen, denn mit den Techniken und Tricks, wie Sie in diesem Buch gezeigt werden, werden sie mit Sicherheit mehr Selbstwertgefühl und mehr Selbstvertrauen, Selbstfindung, Selbstliebe und Erfolg in Ihrem Leben haben. Mit Ihrem Leben meine ich alle Bereiche, die für Sie von Bedeutung sind. Ob dies Familie, Partnerschaft, Hobbys, Freunde, Beruf oder sonstiges ist.

Ich möchte mit diesem Buch dazu beitragen die Welt zu verbessern, weil ich der Meinung bin, dass kein Mensch unnötig unglücklich sein muss, weil er der Meinung ist, dass er es aus irgendwelchen, nicht nachvollziehbaren Gründen nicht wert sei, im Leben Glück und Erfolg zu haben. Nun wünsche ich Ihnen viel Spaß und Erfolg mit den folgenden Techniken!

Technik 1

Eigenverantwortung übernehmen und aus dem Täter-Opfer-Kreis entfliehen

Wie kommt es, dass manche Menschen ein erfolgreiches Leben führen und manche Menschen scheinbar immer Pech haben? Haben Sie sich diese Frage auch schon einmal gestellt? Ich sage Ihnen, es gibt verschiedene Gründe. Auf einen möchte ich nun besonders eingehen. Dieser Grund ist die Ursache für die meisten Probleme, die die Menschen haben, die zu mir kommen und mich um Hilfe bitten. Die Ursache liegt darin, immer anderen die Schuld zu geben und nie bei sich selbst zu schauen.

Dabei könnte es so einfach sein. In der Politik ist dies ein häufig zu beobachtendes Phänomen, dass die eine Partei der anderen Partei die Schuld gibt, warum es Missstände gibt.

So lenkt man wunderbar von seinen eigenen Problemen ab und der andere bzw. die andere Partei muss sich nun erst einmal rechtfertigen.

Jemand anderem die Schuld zu geben ist also ein tolles Mittel, wenn man auf Zeit spielt und nichts wirklich verändern möchte. Man erlebt es auch im Kleinen, zum Beispiel wenn sich in einer Partnerschaft Mann und Frau streiten. Der Mann sagt, das Problem ist so und so deinetwegen, liebe Frau, die Frau sagt, das ist nur so deinetwegen, lieber Mann. Geändert wird dabei allerdings nichts, nur dass beide Partner immer mehr enttäuscht werden und erschöpft irgendwann vor einem Trümmerhaufen stehen.

In meiner Praxis erlebe ich es oft, dass meine Klienten behaupten jemand anderes sei an ihrem Unglück schuld. Tatsächlich ist es oft so, dass Fehler in der Erziehung durch die Eltern dazu geführt haben, dass man in der Kindheit eine schlechte Erfahrung machen musste. Erinnern wir uns aber an die Worte die ich eingangs erwähnte, man muss wissen, was man ändern kann und was nicht. Den Eltern oder der Kindheit die Schuld zu geben mag zwar berechtigt sein aber helfen und vorwärtsbringen tut dies nicht. Eher im Gegenteil:

Man hält sich so sehr damit auf das man den Blick für das Hier und Jetzt vergisst. Und das schlimme daran ist, es kann ein Teufelskreis entstehen, wenn man immer anderen die Schuld am eigenen Unglück gibt. Was muss man also tun, um diesen Teufelskreis zu unterbrechen? Nun, das ist im Prinzip ganz einfach. Zunächst einmal muss man achtsam sein und genau aufpassen, wenn man in die Falle tappt und man merkt, dass man gerade dabei ist diesen Fehler zu begehen.

Selbsterkenntnis ist der erste Schritt. Wenn man merkt, dass man die Fehler nicht bei sich selbst sucht, sondern gerade dabei ist andere dafür zu verurteilen, wie sie einen behandelt haben oder was sie einem angetan haben, dann sollte man den Blick auf sich richten.

- Was ist mein Anteil an dem Geschehen?
- Was habe ich dazu beigetragen, dass die Situation so ist, wie sie jetzt ist?
- Hat mein Gegenüber vielleicht einen guten Grund, warum er so zu mir ist, weil ich ihn dazu gebracht habe?

189

- Was habe ich davon, jemand anderem die Schuld zu geben?
- Was kann ich tun, um die Situation zu ändern?

Mit diesen Fragen lässt sich schon mal die Perspektive ändern. Man muss erkennen, dass man nicht immer nur ein Opfer ist, sondern auch gleichzeitig ein Täter. Eigentlich sollte man aufhören die Welt einzuteilen in Opfer und Täter, da jeder Mensch in gewisser Weise beides ist und diese Unterscheidung einem in Wahrheit nicht wirklich hilft. Allerdings hilft es sich selbst nicht, als Opfer zu sehen. Der richtige Schritt aus dieser Falle besteht also darin, Eigenverantwortung zu übernehmen. Sie sind für Ihr Leben selbst verantwortlich.

Wenn jemand anderes über Sie entscheidet, dann haben Sie zuallererst entschieden, dass dieser andere Mensch über Sie entscheiden darf. Auslöser sind Sie. Egal was der andere nun macht, er macht es, weil Sie es Ihm erlauben.

Wenn Sie damit nicht zufrieden sind so sollten Sie eine neue Entscheidung treffen nämlich selbst zu entscheiden.

Sagen Sie Schluss mit der Ungerechtigkeit, ich fange nun an selbst zu entscheiden, weil ich selbst weiß was mir am besten guttut. Wenn Sie nicht wissen was Ihnen am guttut, so sollten Sie sich ein paar Fragen stellen und in sich gehen. Nehmen Sie sich die Zeit und schreiben Sie zehn Dinge auf, die Sie gerne mögen. Schreiben Sie zum Beispiel auch zehn Eigenschaften auf die Sie an sich mögen.

Sollten Sie sich unsicher sein so fragen Sie einfach Ihre Freunde oder Ihre Familie was Sie an Ihnen schätzen. Dazu komme ich aber später noch einmal genauer darauf zu sprechen in **Technik 4.** Übrigens sind Sie schon auf dem richtigen Weg Verantwortung für sich selbst zu übernehmen, da Sie sich mit sich selbst auseinandersetzen und dieses Buch lesen.

Gerade jetzt in diesem Moment, wo Sie diese Zeilen lesen, haben Sie entschieden Ihr Leben zu verändern, zu verbessern und für sich selbst zu sorgen. Machen Sie weiter, Sie sind auf dem richtigen Weg. Man sagt nicht umsonst, jeder ist seines Glückes eigener Schmied.

Zusammenfassung:

- die (positive) Veränderung fängt bei einem selbst an

- Sie beeinflussen immer Ihre Umwelt und können diese verändern

- Sie sind kein Opfer, es sei denn Sie haben sich entschieden ein Opfer zu sein

- wenn Sie nichts tun, tut sich nichts und wenn doch, dann nicht so wie Sie es wollen

Technik 2

Sich angemessen selbst Belohnen

Überlegen Sie sich nun im nächsten Schritt einmal, wie Sie sich selbst belohnen können. Sich selbst zu belohnen ist keinesfalls verwerflich. Es ist eine gute Methode Wertschätzung auszudrücken, indem man zum Beispiel Geschenke macht.

Würden Sie jemanden etwas schenken, von dem Sie der Meinung sind, er hätte es nicht verdient? Wann haben Sie sich selbst das letzte Mal etwas geschenkt? Indem Sie sich selbst belohnen zeigen Sie Wertschätzung gegenüber sich selbst. Sie sind es wert belohnt zu werden.

Ihre Taten sind es wert mit einem Geschenk oder einer materiellen Anerkennung gewürdigt zu werden. Dies geschieht nicht grundlos, sondern weil Sie etwas Besonderes gemacht haben. Sie haben etwas Tolles geleistet und das verdient Anerkennung.

Wenn Sie sich selbst belohnen, sollten Sie darauf achten, dass Sie später keine negativen Folgen davontragen. Manche Menschen belohnen sich nach einem arbeitsreichen Tag gerne mit einem Feierabend Bier.

Das ist meiner Meinung nach auch in Ordnung, wenn man gerne Bier mag. Wenn es allerdings regelmäßig nicht bei diesem einen Bier bleibt, so könnte man negative Folgen in Form von einer Gewichtszunahme, oder sogar einer Alkoholabhängigkeit bekommen. Je nachdem wie viel und wie lange man trinkt. Es ist daher wichtig, dass Sie unterscheiden zwischen langfristigen und kurzfristigen Folgen einer Belohnung.

Am besten sind meiner Meinung nach Belohnungen die nichts (oder wenig) kosten und frei verfügbar sind. Ich meine damit zum Beispiel einen Sonnenuntergang bewundern, Ruhe im Park oder Garten genießen, ein angenehmes Bad, etwas Leckeres zu essen, ein Gespräch mit Freunden oder der Familie und so weiter.

Man kann sich auch belohnen, indem man zum Beispiel auch einmal zeitig zu Bett geht. Wenn Sie ausgeschlafen am nächsten Morgen aufwachen, haben Sie mehr Kraft und fühlen sich glücklicher als unausgeschlafen.

Das ist an und für sich logisch, allerdings in unserer heutigen, hektischen und Technik versessenen Zeit, oft schwierig umzusetzen. Es gehört schlichtweg mit zur Selbstliebe dazu und ist essenziell, im Falle das man sich Gutes tun möchte. Hierzu gehört auch Belohnung zum Beispiel durch einen Spaziergang oder eine sportliche Aktivität. Wenn Sie der Meinung sind, dass dies keine Belohnungen sind, so sollten Sie vielleicht Ihre Lebensgewohnheiten hinterfragen oder sich fragen was Sie an einem Spaziergang quält. Was hindert Sie daran, sich sportlich zu betätigen oder früh ins Bett zu gehen?

Es gibt tatsächlich eine Fülle an Dingen oder Aktivitäten, die man tun kann und die einem gleichzeitig auch guttun. Auch was das Wissen betrifft, kann es eine Belohnung sein, wenn man sich ein neues Buch gönnt oder einen Kurs an der Volkshochschule besucht.

Das kann zum Beispiel auch ein Kochkurs sein, bei dem man neue Menschen kennenlernt und gleichzeitig etwas über die Ernährung erfährt. Die Frage ist auch, wann man sich was schenkt. Also das wann und was spielen eine große Rolle.

Sie können sich immer selbst belohnen, wenn Sie eine Aufgabe erfolgreich gemeistert haben oder etwas geschafft haben, dass Sie sich vorgenommen hatten. Wichtig ist dabei auch sich Ziele zu setzen, die man leicht erreichen kann. Zu leicht sollten Sie allerdings auch nicht sein, da sonst die Belohnungen nichtig wird. Es braucht hier eine realistische Einschätzung des Schwierigkeitsgrades. Wenn die Ziele zu einfach sind oder Sie sich zu häufig belohnen kann es geschehen, dass die Belohnung ihren Reiz verliert.

Damit dies nicht geschieht, sollten Sie sich vorher überlegen, wann Sie ein Ziel oder eine Aufgabe erreicht haben. Machen Sie dies nicht abhängig von anderen Faktoren. Sie müssen mit dem Ergebnis zufrieden sein. Sie entscheiden, wann ein Ziel für Sie erreicht ist.

Auf der anderen Seite dürfen Ziele auch nicht zu schwer sein. Sie sollten daher Acht geben, dass Sie die Herausforderungen nicht zu hoch setzen. Man darf hier nicht zu idealistisch an die Sache herangehen. Oftmals sind es gerade die kleinen Erfolge, die man würdigen muss. Besonders zu Beginn des Aufbaus eines gesunden Selbstwertgefühls.

Und die Frage, stellt sich auch nicht nur wann man sich belohnen sollte, sondern auch mit was? Fertigen Sie eine Liste an auf der zehn Dinge stehen, die kein oder wenig Geld kosten und die Ihnen dennoch guttun. Wichtig ist, dass die Belohnung unmittelbar erfolgt. Wenn Sie heute etwas Großartiges erreicht haben, so sollten Sie sich auch heute dafür belohnen. Es ergibt wenig Sinn, wenn Sie einen wunderbaren Erfolg hatten, sich aber erst in 14 Tagen dafür belohnen. Belohnung muss immer sofort geschehen. Man kann auch Belohnungen aufschieben allerdings ist die Wirkung deutlich höher, wenn die Belohnung zeitnah erfolgt. Warum ist diese Technik so effektiv?

Das liegt ganz einfach daran, dass mit Belohnung und Bestrafung verhalten aufgebaut werden kann. Die ganze Erziehung funktioniert so. Man gibt dem Kind ein positives Gefühl, wenn es etwas Tolles gemacht hat und ein Negatives, wenn es sich daneben verhalten hat. Bei einem Hund ist es ganz genauso.

Die Psychologie nennt es Verhaltensmodifikation. Die Wirksamkeit ist mehrfach ausreichend wissenschaftlich bestätigt und belegt worden. Wenn Sie sich selbst also belohnen und Belohnungen sind besser als Bestrafungen, so können Sie ein Verhalten aufbauen, das Sie auf Dauer erfolgreich macht.

Zusätzlich zeigen Sie sich selbst gegenüber Wertschätzung und Anerkennung. Genau das brauchen Sie, wenn Sie der Meinung sind zu wenig Selbstwert zu haben. Bestrafungen sind übrigens deswegen überhaupt nicht gut, da sie zu Vermeidung führen.

Hier kommen wir auch zum nächsten Punkt. Die Blickrichtung oder die Formulierungen.

Zusammenfassung:

- [ ] gönnen Sie sich etwas Gutes, immer dann, wenn Sie Ihrer Meinung nach, etwas Gutes getan haben
- [ ] Menschen, die sich lieben belohnen sich
- [ ] finden Sie heraus was Ihnen guttut und womit Sie sich belohnen können, ohne später negative Konsequenzen davon zu haben

Technik 3

Ziele formulieren

Sie können Schlechtes vermeiden oder Gutes anstreben. Vermutlich denken Sie, dass das dasselbe ist. Dies ist oberflächlich betrachtet auch das Gleiche. Sie kennen die Geschichte mit dem halbvollen und dem halbleeren Glas und die Frage worin der Unterschied besteht?

Ob das Glas halbvoll oder halbleer ist, ist rein wissenschaftlich betrachtet egal, denn bei einem 250 ml Glas sind es 125 ml. Das Ergebnis ist das gleiche. So zumindest naturwissenschaftlich betrachtet.

In der Geisteswissenschaft ist es jedoch völlig unterschiedlich, ob Sie das halbvolle Glas oder das halbleere Glas betrachten. Warum es für Sie sinnvoller ist das halbvolle Glas anstelle des halbleeren Glases zu nehmen, möchte ich Ihnen nun im Folgenden erläutern.

In der Psychologie kann man unterscheiden zwischen Defizit Orientierung und Ressourcen Orientierung. Sie können entweder schauen wie Sie ein Defizit wieder herstellen zum Beispiel der Mangel an Selbstvertrauen oder aber eine Ressource zu erhalten oder zu steigern, wie beispielsweise Selbstvertrauen zu steigern.

Wenn man nun versucht ein Defizit zu beheben so richtet man seinen Blick auf all das, was nicht vorhanden ist. Man sieht alles das, was nicht gut läuft. All das Negative, Fehlerhafte und Unvollständige, ist im Fokus dieser Art der Wahrnehmung. Auf der anderen Seite bei einer ressourcenorientierten Sichtweise richtet sich der Fokus auf das Positive, Förderliche und Hilfreiche einer Verhaltensweise.

Dies gilt übrigens nicht nur bei Verhaltensweisen, sondern auch in allen anderen Angelegenheiten. Was würde Ihnen Ihrer Meinung nach nun besser gefallen? Ihre Fehler zu analysieren? In Ihren Wunden herumzubohren?

Vielleicht etwas Salz hineinstreuen damit Sie merken, wo es wehtut? Was nicht gut läuft? Oder würde es Ihnen helfen zu wissen was Sie alles schon Gutes tun, wie toll Sie sind in manchen Bereichen, was Sie dazu gebracht hat, erfolgreich zu sein und was Ihnen dabei weiterhilft?

Ich persönlich empfehle immer ressourcenorientiert zu denken. Man sagt, wer suchet der findet. Und ich bin der Meinung, wenn ich nach negativen Suche dann finde ich auch etwas Negatives.

Mit Sicherheit ist das so. Und mit Sicherheit geht es nicht nur mir so. Doch hilft mir das Negative? Genauso ist es auch, wenn ich etwas Positives sehen möchte, so sehe ich dann auch etwas Positives, weil es immer beides gibt.

Beide Realitäten, das halbvolle und das halbleere oder das Positive und das Negative, sind immer gleich vorhanden.

Die Formulierung der Ziele sollten also positiv sein, weil der Blick auf das Positive hilft, die Dinge ganz einfach positiver zu sehen. Und das ist es ja, was Sie wollen.

Anstelle zu sagen ich möchte nicht mehr traurig sein, könnte man sagen ich will mehr glücklich sein. Anstelle zu sagen ich möchte nicht mehr unzufrieden mit mir sein, könnte man sagen ich möchte noch zufriedener mit mir sein.

Anstelle zu sagen ich möchte weniger einsam sein, könnte man sagen ich möchte noch mehr Gesellschaft haben. Sie sehen es ist gar nicht so schwer.

Man muss bei einer ressourcenorientierten Betrachtung einfach auch mal schauen, was man wirklich möchte und nicht, wie so häufig, was man nicht möchte.

Je konkreter ein Ziel formuliert ist, desto klarer ist es. Je klarer ein Ziel ist, umso leichter fällt es uns, es zu erreichen.

Zusammenfassung:

- positive Formulierungen, helfen dabei Positives zu erreichen
- machen Sie sich Ihre Sprache und Wortwahl bewusst
- richten Sie Ihren Blick auf positive Dinge

Technik 4

Stärken definieren

Machen Sie doch mal eine Liste mit Ihren positiven Charaktereigenschaften? Was sind Ihre Stärken?

Was wissen Ihre Freunde an Ihnen zu schätzen? Was können Sie besonders gut? Was tun Sie besonders gern? Womit können Sie anderen Menschen eine Freude machen? Wie können Sie anderen Menschen helfen?

Wenn Sie Schwierigkeiten haben eine Liste anzufertigen auf denen zehn Stärken stehen, machen Sie sich bitte nicht sofort verrückt.

Bleiben Sie ruhig und gelassen. Schreiben Sie einfach auf was Ihnen in den Sinn kommt, ganz egal ob dies zutrifft oder nicht. Im ersten Schritt schreiben Sie einfach auf ohne die Begriffe zu bewerten.

Man nennt diese Technik der Sammlung von Begriffen auch Brainstorming. Im zweiten Schritt nach dem Brainstorming erfolgt in der Regel die

Bewertung und eine Gruppierung der genannten Begriffe. Sie können hier zum Beispiel ähnliche Begriffe zusammenfassen.

Sollten Sie Schwierigkeiten haben, dass Ihnen etwas einfällt, fragen Sie Menschen, die Ihnen gut gesonnen sind und die Sie gut genug kennen. Wenn Sie keine Menschen in Ihrem Umfeld kennen, die Ihnen hierbei behilflich sein können, so kommt später in diesem Buch ein Abschnitt, indem Sie lernen können, wie Sie schnell ein positives Umfeld bzw. einen neuen, positiven Freundeskreis aufbauen können.

Sie können aber auch eine Traumreise machen, um Kontakt zu Ihren Stärken herzustellen und um Ihre Ressourcen und Ihre Kraftquellen zu finden.
Machen Sie es sich dabei gemütlich und legen Sie sich dazu in eine bequeme Position hin. Schließen Sie die Augen atmen Sie ruhig und tief.

Achten Sie darauf das Ihr Handy lautlos geschaltet ist und sorgen Sie, wenn möglich dafür, dass Sie von niemandem gestört werden.

Traumreise

Stellen Sie sich vor Sie stehen vor einer Treppe. Diese Treppe führt Sie zu einem angenehmen Ort , Ihrem Wohlfühlort. Sie steigen die Treppe hinauf und legen alles was Sie stört auf den Stufen der Treppe ab. Wenn Sie der Treppe entlang gehen kommen Sie zu einem Ort, an dem Sie sich sehr wohlfühlen.

Dieser Ort soll nur mit guten Erfahrungen verknüpft sein. Sollte in Ihrer Vorstellung etwas Störendes auftreten so verändern Sie den Ort in Ihrer Fantasie oder wechseln den Ort komplett. Nehmen Sie sich die Zeit, die Sie brauchen um diesen Ort möglichst angenehm zu gestalten.

Versuchen Sie sich an eine Situation zu erinnern, in der Sie tiefe innere Freude erlebt haben. Wann haben Sie das letzte Mal etwas geschafft, worauf Sie so richtig stolz waren? Was war das?

Beschreiben Sie es. Versuchen Sie sich an eine Fähigkeit zu erinnern, die Ihnen dabei geholfen hat. Welche Fähigkeit mag das gewesen sein?

Lassen Sie sich Zeit, um sich an den Moment der Freude und der Stärke zu erinnern.

Beschreiben Sie welche Bilder, welche Gedanken, welche Gefühle oder auch Körperempfindungen jetzt auftauchen. Versuchen Sie zu dieser Freude eine Brücke aufzubauen. Stellen Sie sich ein Bild für diese Freude und Stärke vor. Dies kann zum Beispiel eine Schatzkiste sein.

In dieser Schatzkiste befindet sich ein Schatz. Dieser Schatz ist Ihre Freude. Gehen Sie nun in der Traumreise weiter und stellen Sie sich eine andere Situation aus einem anderen Bereich vor, in der Sie eine Freude oder Stärke erlebt haben.

Versuchen Sie sich auch hier an die Fähigkeit zu erinnern, die Ihnen dabei geholfen hat. Lassen Sie sich dabei Zeit für die Erinnerungen.

Versuchen Sie auch jetzt zu beschreiben, welche Bilder, Gedanken, Empfindungen usw. bei der Erinnerung daran auftauchen.

Stellen Sie sich vor, wie Sie diese Freude als Schatz in die Schatzkiste hineinpacken.

Machen Sie diese Übung noch ein drittes Mal und packen Sie diese positiven Eindrücke auch in die Schatzkiste.

Wenn Sie fertig sind so nehmen Sie die Schatzkiste in die Hand und gehen die Treppe, vom Anfang der Traumreise wieder hinab und nehmen diese Schatzkiste in Ihren Händen mit.

Dies kann mit angenehmen und leichtem, glücklichen und unbeschwerten Gefühlen kombiniert werden.

Im Anschluss an diese Traumreise schreiben Sie auf, welche drei Schätze Sie mitgenommen haben. Dies ist ganz wichtig. Schreiben Sie es sich auf. Dadurch, dass Sie schreiben, beschäftigen Sie sich noch einmal ganz bewusst damit, wie gut Sie in Wahrheit sind und was Sie alles Gutes bereits erfahren haben.

Wie wichtig das Schreiben ist, wird im nächsten Kapitel noch deutlicher.

Wichtig dabei ist, dass Sie sich immer bewusst machen, dass Sie diese drei Stärken in sich haben und dass diese Stärken immer für Sie verfügbar sind. Egal was geschieht, niemand kann Ihnen das Positive, welches Sie ganz allein erlebt haben, nehmen. Selbstverständlich müssen es nicht nur drei Begriffe sein. Sie können auch mehrere Stärken haben als nur drei. Das Gleiche gilt auch für positive Erlebnisse. Es ist allerdings ganz gut, wenn man sich zunächst auf drei Aufzählungen beschränkt.

Zusammenfassung:

- **machen Sie sich bewusst, wo Ihre persönlichen Stärken liegen**
- **schreiben Sie diese Stärken auf und fertigen Sie eine Liste an**
- **eine Traumreise kann Sie dabei auf interessante Gedanken bringen**
- **Freunde und Familie können Ihnen dabei helfen Auskunft zu geben**

Technik 5

Das Glückstagebuch und die Glücksbohnen

In der Psychologie, insbesondere in der Verhaltenspsychologie, ist es eine bewährte Technik, wenn man ein neues Verhalten erlernen möchte, ein Tagebuch zu führen, indem relevante Inhalte noch einmal durch das Schreiben bewusst gemacht werden. Wenn man zum Beispiel mit dem Rauchen aufhören möchte, so hilft es aufzuschreiben, wie viele Zigaretten man geraucht hat. Man schreibt dabei in eine Spalte die Uhrzeit, in eine andere Spalte das Gefühl, das man jeweils hatte und eventuell auch was man dabei erlebt hat bzw. was der Auslöser war. Auf diese Weise setzt man sich bewusst mit dem Rauchen auseinander und es ist zwar seltsam und vielleicht nicht ganz logisch nachvollziehbar aber es ist wissenschaftlich bewiesen worden, dass man dadurch weniger raucht. Das Gleiche gilt für alle anderen, negativen Angewohnheiten. Ob dies zu viel Schokolade essen ist oder Alkohol trinken und so weiter.

Man kann sogar lernen, wie man sparsamer lebt und sich sein Geld besser einteilt, wenn man ein Haushalts-Tagebuch führt.

Genauso, wie man unangenehme Gewohnheiten abtrainieren kann, kann man aber auch positive Verhaltensweisen antrainieren. Zum Beispiel Glück oder Dankbarkeit bewusst wahrzunehmen. Warum ist Glück oder Dankbarkeit für ein gesundes Selbstwertgefühl so bedeutsam? Man sagt in der Regel danke, wenn man etwas bekommen hat oder anders formuliert, drückt man auch mit Dankbarkeit in gewisser Form seine Wertschätzung aus. Wie zuvor beschrieben ist es von Bedeutung sich selbst Wert zu schätzen und sich Gutes zu tun. Insofern ist eine dankbare Haltung lediglich eine logische Konsequenz.

Um dankbar zu sein braucht man auch gar nicht viel, wenn Sie einmal beobachten was in Ihrer Umgebung geschieht, werden Sie rasch erkennen, wie sehr Dankbarkeit und positive Gefühle miteinander verknüpft sind.

Bei der Übung Glückstagebuch, kann man aufschreiben, wann man dankbar war und wenn man etwas Gutes erlebt hat. Das kann sehr viel sein: ein Vogel, der ein schönes Lied trällert, eine Blume am Wegrand, die schön blüht, Sonnenschein, ein angenehmer Wind, ein kühlendes Getränk, ein leckeres Essen, ein nettes Gespräch mit dem Nachbarn, ein spannender Film, ein interessantes Buch, eine tolle Nachricht, ein Bad, gesund zu sein, ein Telefonat, ein schönes Lied im Radio, ein Lächeln, das man geschenkt bekommt, das Glück seine Lieblingssocken anzuziehen, usw..

Gründe für Glück und Dankbarkeit gibt es in Hülle und Fülle in unserer Umgebung und in uns. Wir müssen lediglich den Blick darauf ausrichten und uns dies mehr in das Bewusstsein rufen.

Dies geschieht zum Beispiel über das Führen eines Glückstagebuchs. Hier reichen zwei Spalten: eine Spalte für die Uhrzeit und eine Spalte in der das jeweilige Erlebnis/Ereignis/Anlass der Freude hineingeschrieben wird. Sicherlich ist es nicht so einfach dieses konsequent umzusetzen.

Aller Anfang ist schwer, aber es lohnt sich. Hier verrate ich Ihnen noch einen besonderen Trick den ich hin und wieder praktiziere:

die Glücksbohnen.

Auf der Internetseite www.gluecksbohnen.de finden Sie eine praktische Anleitung zu einer Achtsamkeitsübung, die den Blick auf Glück und Dankbarkeit schärft.

Die Glücksbohnen Erfinder tun übrigens auch gutes mit den Glücksbohnen. Sie unterstützen Menschen mit Demenz und erforschen die Musiktherapie bei Demenz. Ein Blick auf die Seite lohnt sich allemal. *(Die Seite war in letzter Zeit oft im Ruhemodus, hoffentlich ist sie bald wieder verfügbar)*

Die Technik mit den Glücksbohnen ist so simpel wie effektiv. Zu den Glücksbohnen gibt es eine kleine Geschichte, die ich Ihnen im Folgenden erzählen möchte:

„Es war einmal ein Bauer, der im ganzen Dorf bekannt war, dass er ständig lächelte und fröhlich war. Irgendwann einmal kamen die Dorfbewohner zu ihm und fragten ihn, was denn das Geheimnis seines Glücks sei. „Warum lächelst du so oft und bist nie traurig?" Wollte ein junges Mädchen wissen.

Er erwiderte ihr: „Nun, weißt du, das Geheimnis liegt in den Glücksbohnen!". „Glücksbohnen?", fragte das Mädchen erstaunt. „Ja. In den Glücksbohnen." Antwortete er und fuhr fort: „ich habe immer drei Bohnen bei mir.

Wenn ich frühst aus dem Haus gehe, stecke ich sie mir in die linke Hosentasche. Jedes Mal, wenn mir etwas Tolles passiert oder ich mich über irgendetwas freue, möge es noch so klein sein, dann stecke ich eine Bohne von der linken Hosentasche in die rechte Hosentasche. Am Abend, wenn ich zu Hause angekommen bin, setze ich mich bei einer Tasse Tee auf meinen Sessel und nehme die Bohnen aus der rechten Hosentasche heraus, schaue sie mir an und erinnere mich an jeden einzelnen Moment, an dem ich mich gefreut habe.

So kann ich mich zweimal freuen - einmal jetzt und einmal später." Das junge Mädchen lächelte und nickte.

Diese Übung ist in der Tat schon wissenschaftlich untersucht worden.

Die positive Psychologie hat bestätigt, dass durch das Fokussieren auf positive Emotionen das Glücksempfinden nachhaltig verbessert wird. Sie fühlen sich automatisch besser, wenn Sie das Positive, das Sie erleben bewusst erleben.

Insofern ist eine achtsame Haltung von Vorteil. Mit den Glücksbohnen kann man wunderbar die Technik des Glückstagebuchs kombinieren. Und diese Geschichte drückt es eigentlich schon aus, der Vorteil liegt darin, dass man sich zweimal damit auseinandersetzt.

Einmal unmittelbar in dem Moment, indem man es erlebt hat und einmal gedanklich zu einem späteren Zeitpunkt, wenn man die Glücksbohne betrachtet bzw. das Erlebte im Tagebuch niederschreibt. Man braucht hierzu auch nicht unbedingt Glücksbohnen.

Es reichen auch drei Steine, Murmeln, Muscheln oder andere Gegenstände, die klein und handlich sind.

Selbstverständlich können Sie auch mehr als drei Glücksbohnen nehmen. Diese Übung kommt aus der positiven Psychologie. Die positive Psychologie ist eine relativ junge Strömung der Psychologie.

Sie beschäftigt sich vordergründig mit der Frage, was den Menschen gesund sein lässt und was nicht, wie die klinische Psychologie mit der Frage, was den Menschen krank macht.

Wie im Kapitel zuvor beschrieben, sind die Formulierungen und die Wortwahl extrem wichtig, ob man nun ressourcenorientiert oder defizitorientiert an sich arbeiten möchte. Ein weiterer Vorteil dieser Übung ist ganz offensichtlich, dass man dieses Glückstagebuch auch einmal an grauen Tagen hervorholen kann und nachlesen kann, was man alles Tolles und Gutes erlebt hat. Insofern kann dieses Buch ein richtig gutes Trostpflaster oder sogar eine kleine Schatzkiste sein.

Oft ist es so, dass Gefühle unsere Wahrnehmung beeinträchtigen und wenn man sich mies fühlt, erscheint einem öfters mal die ganze Welt als ungerecht oder schlecht.

Man muss sich das so vorstellen, wie beim Verliebtsein oder dem Liebeskummer. Entweder sieht man durch die rosarote Brille und alles ist schön oder im negativen Fall beim Liebeskummer ist alles grau und trüb und sogar das Lieblingsessen schmeckt nicht mehr so recht.

Wenn man dann sich einmal anschaut, was man alles schon Gutes erlebt hat, so wird einem deutlich, dass diese momentane negative Gefühlsregung nur vorübergehend ist.

Nach jedem Regen kommt auch einmal wieder die Sonne und man kann so einen Schauer einfacher überstehen, indem man sich das Glückstagebuch anschaut. In der positiven Psychologie gibt es auch eine Übung die sich „Four-Evening-Questions" nennt. Hier fragt man sich selbst am Abend, im Bett bevor man schläft, noch einmal vier Fragen, was alles am Tag gut gelaufen ist bzw. womit man zufrieden war.

Hier ist es so, dass man dadurch scheinbar besser schläft und schönere Träume hat, weil man sich unmittelbar vor dem Schlafen mit positiven Ereignissen, die man reell erlebt hat, auseinandersetzt.

Generell soll man vor dem Schlafengehen darauf achten, dass man mit positiven Gefühlen ins Bett geht. Ein gesunder Schlaf-Rhythmus ist ebenso wichtig, wie eine gesunde Ernährung und ausreichende Bewegung.

Zusammenfassung:

- **Gefühle beeinträchtigen die Wahrnehmung**
- **ein Tagebuch schreiben hilft, sich bewusst mit positiv Erlebten auseinanderzusetzen**
- **man richtet seinen Blick auf das Positive und nimmt Positives künftig häufiger wahr**
- **Glücksbohnen helfen dabei, Glück und Dankbarkeit zweimal erleben zu können**

- Das Glückstagebuch hilft Ihnen auch in schlechten Zeiten, indem man sich an Gutes erinnern kann
- Die Technik ist simpel und effektiv

Technik 6

Die Umwelt gestalten und Freunde finden

Konfuzius sagt: *„Zeige mir deine Freunde und ich sage dir, wer du bist."* Diese Weisheit macht deutlich, dass die Umwelt einen Einfluss auf uns hat.

Es ist ein häufiges Phänomen bei Jugendlichen. Zum Beispiel, dass innerhalb eines Freundeskreises ähnliches Vokabular verwendet wird.

Man kleidet sich ähnlich, um die Zugehörigkeit zueinander oder zur Gruppe auszudrücken. Nun muss man wissen, dass dies im positiven wie auch im negativen Sinne zutrifft. Wenn man sogenannte Freunde hat, die Alkohol konsumieren so fällt es sicherlich schwer, keinen Alkohol zu konsumieren. Die Wahrscheinlichkeit mitzutrinken ist sehr groß. Das Gleiche gilt für das Rauchen oder andere Drogen.

Im positiven Sinne ist es auch so, wenn man zum Beispiel Freunde hat, die Sport machen oder sich in einer christlichen Gemeinde engagieren.

Hier fällt auch leichter, bei diesen Aktivitäten mitzumachen. Ich rate vielen meiner Klienten sich mit dem Besuch einer christlichen Gemeinschaft anzufreunden. Auch wenn man nicht an Gott glaubt, so sind Christen in der Regel gute Menschen. Mag sein, dass es auch hier Ausnahmen gibt, allerdings sehe ich ein christlich geprägtes Umfeld positiver als ein Umfeld, in dem Menschen Drogen konsumieren oder zum Beispiel Musik mit gewaltverherrlichenden Texten hören. Es hat auch damit zu tun, dass Menschen sich gegenseitig wertschätzen und sich zeigen wie wichtig man ist.

Man braucht keine Angst zu haben, wenn man sich mit Christen anfreunden möchte. In der Regel sind diese Menschen sehr offen, wenn man sich für ihren Glauben interessiert.

Wenn man nun ein Problem mit der christlichen Religion hat, ist das natürlich total OK, denn jeder Mensch sucht sich seine eigene Lebensrichtung aus. Dies war auch nur ein Beispiel.

Ich möchte hier zu keinem Zeitpunkt Stellung beziehen, sondern nur den Gedankengang führen, mit einem von mir gewählten Beispiel.

Ich denke, es ist auch nicht gut Religionen wie ein Paar Schuhe zu wechseln oder sich nach Belieben auszusuchen.

Aber dies ist meine persönliche Meinung und ich toleriere auch andere Weltansichten. Man kann sich zum Beispiel auch Freunde suchen, die sich künstlerisch engagieren. Sei es durch Musik, Theater oder Kunst. Es gibt auch die Pfadfinder oder andere Naturschutz-Vereine, bei denen man Mitglied werden kann. Sie können sich auch politisch in einer Partei engagieren oder auch in Nichtregierungsorganisationen versuchen die Gesellschaft zu verändern.

Im Prinzip ist jede Vereinigung, sei es eine politische Partei oder eine religiöse Gruppierung froh, wenn er Nachwuchs bekommt und von daher, ist dies eine tolle Möglichkeit neue Menschen kennenzulernen und seine Umwelt bzw. sein soziales Umfeld zu verändern.

Sie haben immer die Wahl und die Kraft die Entscheidungen zu treffen, mit wem Sie Ihre kostbare Zeit verbringen möchten. Denken Sie an die vorhergehenden Kapitel.

Sie entscheiden mit wem, Sie was tun möchten. Wenn Sie jemand ablehnt oder Ihnen blöd kommt, so rate ich Ihnen folgendes: Überlegen Sie Ihren Anteil am Geschehen, was haben Sie hierzu beigetragen aber bleiben Sie hier bei der Überlegung unbedingt sachlich und versuchen Sie nicht emotional zu sein.

Wenn Sie tatsächlich nichts getan haben so ist Ihr Gegenüber vielleicht einfach ein Idiot. Sie können Ihrem Gegenüber nun verzeihen und versuchen darüber hinwegzusehen und die Kränkung nicht persönlich zu nehmen. Sollte dies in Zukunft bei der gewissen Person öfter vorkommen, so können Sie diese Person auch darauf ansprechen und zur Rede stellen. Bleiben Sie hier bitte auch sachlich und nennen Sie konkrete Beispiele, wann diese Personen Sie Ihrer Meinung nach gekränkt hat und geben Sie der Person genügend Zeit zu antworten.

Stellt sich nun raus, dass diese Person wirklich sich nicht damit auseinandersetzen möchte oder kann, so rate ich Ihnen diese Person aus Ihrem Freundeskreis, zumindest vorübergehend zu streichen. Sie sind doch ein toller Mensch, der es verdient hat, mit tollen Menschen umgeben zu sein. Und tolle Menschen sind, um es einfach auszudrücken, nett zueinander.

Im Prinzip ist es wirklich so einfach. Anders ausgedrückt, lassen Sie allen Ballast fallen und schauen Sie, dass Sie sich ein gutes gesundes Umfeld aufbauen. Man muss sich also auch von Menschen trennen, die einem dauerhaft Schaden zufügen. Dabei spielt es keine Rolle, ob diese Menschen einem direkt schaden, indem sie verletzend sind oder ob sie Ihnen indirekt Schaden, indem sie, Sie bei Ihrer Entwicklung aufhalten und bei Ihrer Entfaltung im Weg stehen.

Manche Menschen können jemanden blockieren, indem sie Fantasien und Träume zerstören, Wünsche ausreden und einem auch indirekt damit schaden und es dabei vermeintlich auch noch gut meinen.

Sie sollten bei solchen Vorkommnissen einen kritischen Blick dafür entwickeln und genau betrachten, welche Vorteile diese Person hat.

Auf der anderen Seite erlebe ich es auch oft, dass Menschen mit einem geringen Selbstwertgefühl sich mit „Losern" umgeben, um von ihrer vermeintlichen Schwäche abzulenken. Wenn man Menschen in der Umgebung hat, die selbst Probleme haben, kann man sich unter Umständen auch als stärkerer Mensch erleben. Dies ist allerdings nur ein kurzfristiger Erfolg. Auf lange Sicht bringt einem das nicht weiter. Man übernimmt vielleicht auch noch negative Verhaltensweisen und man hat es sehr schwer sich weiterzuentwickeln. Denken Sie dabei an den Spruch *"Gleich und Gleich gesellt sich gern!"*.

Bei der Frage, welches Umfeld ist gut und gesund antworte ich Ihnen ganz einfach: „Gut ist, was guttut". Und dies nicht nur kurzfristig wie beim Kick eines Drogenrausches, sondern auch langfristig was Ihre Gesundheit betrifft. Sie sollten nach Möglichkeit die Menschen aussuchen, die Sie als Vorbilder sehen und die bereits ein gesundes, glückliches und erfolgreiches Leben führen. Ein Merkmal, an dem man dies erkennt, ist zum Beispiel, ob mit Problemen bzw. Herausforderungen konstruktiv umgegangen wird. Ein konstruktiver Umgang versucht immer die Situation zu verbessern oder den Konflikt zu lösen.

Jetzt können Sie sich fragen, was Sie machen möchten, wenn Sie einen Konflikt haben. Wollen Sie diesen Konflikt lösen oder möchten Sie ihn vor sich herschieben? Soll ein Streit latent wie ein Vulkan brodeln und beim nächsten kleinen Anlass explodieren? Es geht Ihnen sicherlich auch besser, wenn Konflikte aus der Welt geschafft werden, indem sie gelöst werden. Dies ist sicherlich nicht einfach, aber es lohnt sich. Wenn Sie also ein konstruktives Umfeld haben, so ist dies Ihrem Selbstwertgefühl extrem dienlich. Dies gilt zum Beispiel auch dafür, dass Sie jemanden haben mit dem Sie darüber reden können.

Je mehr Menschen man hat und je offener man über seine Sorgen sprechen kann, desto leichter fällt es Probleme zu lösen.

Man kann seinen Blickwinkel ändern und seine Sichtweisen ablegen, wenn man mehrere Meinungen zu einem Thema gehört hat. Aber eines muss man sich auch im Klaren sein, zu viele Köche können den Brei verderben und eines jeden Menschen recht getan ist eine Kunst, die niemand kann.

Was ich damit sagen möchte, ist, es kann unter Umständen auch schwierig sein, wenn man zu viel verschiedene Meinungen zu einem Thema hat. Welches ist dann die richtige? Nun, ich denke richtig und falsch ist immer eine subjektive Frage. Was für den einen richtig ist, kann für den anderen falsch sein und was für den anderen falsch ist, ist eventuell für den einen richtig. Insofern geht es darum Entscheidungen zu treffen, die man in erster Linie für sich selbst vertreten kann. Wenn Sie Menschen aussuchen, die Ihre Vorbilder sein sollen, so sollten Sie realistisch bleiben und sich selbst Geduld geben. Setzen Sie sich nicht unter Druck und schränken Sie sich nicht so sehr damit ein, dass Sie ein Ideal verfolgen, wie nur wenige echte Menschen sind oder sein können. Es geht immer um den Kern und das Wesentliche.

Sie dürfen bei der ganzen Bedeutung, die ein gesundes soziales Umfeld mit sich bringt, niemals vergessen, dass Sie die Hauptperson sind. Machen Sie sich daher nicht so sehr abhängig von anderen Menschen. Wenn einmal ein Kontakt nicht zustande kommt oder ein Treffen platzt, so blicken Sie positiv nach vorne, richten Sie Ihren Blick in die Zukunft und bleiben Sie zuversichtlich und gelassen, dass alles so geschehen wird, wie Sie sich es wünschen. Denken Sie dabei an die Technik, wie man Ziele formuliert.

Wenn Sie sich zu sehr unter Druck setzen oder versuchen zwischenmenschliche Erlebnisse zu erzwingen, werden Sie mit Sicherheit scheitern.

Zusammenfassung:

- **man braucht Freunde die einem guttun**
- **man kann schnell und leichter neue Freunde in einem Verein, einer Partei, einer Gruppe, einer Kirche oder einem Kurs finden**
- **man kann und muss sich von Menschen trennen, die einem dauerhaft schaden**

- die Menschen, die man als Vorbild haben möchte, sollten einen umgeben
- erzwingen Sie keine zwischenmenschlichen Erlebnisse

Technik 7

Die Umwelt positiv gestalten

Um sich selbst gegenüber Wertschätzung auszudrücken, so ist es richtig seine physische Umgebung auch schön zu gestalten. Es hilft zum Beispiel sein Zimmer oder seine Wohnung/Haus aufzuräumen oder eine neue Farbe an der Wand.

Je nachdem, was Sie brauchen damit Sie sich in Ihrer Wohnung wohlfühlen. Es hilft manchmal bei Pflanzen die vertrockneten Blätter wegzurupfen oder überhaupt sich Pflanzen anzuschaffen. Wenn man sich um die Zimmerpflanzen regelmäßig kümmert, so hat man auch ein positives Gefühl der Selbstwirksamkeit. Dadurch, dass Sie sich um Pflanzen kümmern zeigen Sie sich selbst, dass Sie wertvoll sind und dass das was Sie tun gut ist. Sie sollten dabei einfach nicht zu viel oder zu wenig gießen und die Pflanzen nicht zu dunkel stehen haben.Ihr Gärtner des Vertrauens kann Ihnen dabei sicherlich einige Tipps geben.

Die meisten Zimmerpflanzen sind sehr robust und schwer kaputtzubekommen oder sie sind nur für kurze Zeit schön und sind (leider) wegwerf Pflanzen.

Dies trifft vor allem bei Zimmerpflanzen zu, die blühen. Ich rate Ihnen daher Grünpflanzen anzuschaffen. Mit ein paar Pflanzen in der Wohnung können Sie Ihr Zuhause wunderschön gestalten.

Manche Pflanzen sind so dankbar und vermehren sich selbst, sodass Sie auch anderen Menschen eine Freude machen können, indem Sie Zimmerpflanzen nach dem Umtopfen verschenken können. Vergessen Sie Ihr Argument Sie hätten keinen grünen Daumen, denn das ist Quatsch. Man braucht lediglich ein bisschen Beobachtungsgeschick und darf es nicht mit dem Gießen übertreiben. Eine Pflanze vertrocknet lieber, als dass sie verfault.

Es gibt allerdings neben Zimmerpflanzen auch andere Möglichkeiten sich das Zuhause schön zu gestalten. Eine Decke, die man sich über die Couch legt, kann einem schon das Gefühl geben, man hätte eine neue Couch.

Zumindest farblich ist dann der Eindruck so. Man kann neue Bilder aufhängen oder alte Bilder in einen neuen Rahmen tun. Man kann die Wand streichen oder die Tapete wechseln, sich einen Teppich anschaffen oder wechseln oder man kann die Möbel umstellen.

Möbel umzustellen ist übrigens eine tolle Taktik für einen Neuanfang. Besonders, wenn man sich von einer Partnerin oder einem Partner getrennt hat, stellen die meisten Menschen ihre Möbel um oder gehen zum Friseur.

Wichtig ist bei den Möbeln, dass es Ihnen gefällt. Wenn Ihnen Ihre Wohnung also jetzt schon so gefällt wie sie ist dann gratuliere ich Ihnen. Dann können Sie dafür dankbar sein und sich darüber freuen. Was auch oft hilft, ist es einfach einmal aufzuräumen und den alten Mist wegzuschmeißen. Man sagt nicht umsonst, wie das Zimmer eines Menschen ausschaut, so schaut es auch in seiner Psyche aus. Es ist zumindest wissenschaftlich erwiesen, dass man sich in einem sauberen Umfeld viel wohler fühlt.

Sie drücken Ihre Selbstliebe damit aus, dass Sie sagen: „ich bin es mir wert in einer sauberen Umgebung zu leben."

Denken Sie dabei vielleicht an Schweine, welche in einem Saustall leben. Schweine fühlen sich dabei wohl, Sie allerdings nicht.

Wenn Sie sich zu Hause eine schöne Umgebung gezimmert haben, so ist dies Ihre Oase in der Wüste. Ihr Rückzugsort vom stressigen Alltag und Ihr Platz, an dem Sie sich erholen können. Es fängt immer bei einem selbst an, also auch in der eigenen Wohnung. Nebenbei hat man auch noch den Effekt, dass man sich nicht schämen braucht, wenn man mal Besuch bekommt und dass man auch spontan mal jemanden einladen und empfangen kann.

Das Zimmer aufzuräumen oder etwas in der Wohnung schöner zu gestalten, kann auch eine Aufgabe sein, mit der Sie sich, wie zuvor beschrieben, selbst belohnen können.

In diesem Sinne haben Sie sogar zweimal eine Belohnung: Einmal das schönere Umfeld und einmal das, was Sie sich herausgesucht haben.

Zusammenfassung:

- **eine schöne Wohnung hilft sich wohl zu fühlen**
- **sich zu Hause wohl zu fühlen, hilft sich in der Welt wohl zu fühlen**
- **Zimmerpflanzen sind eine einfache Methode**
- **Gäste können einfach empfangen werden**

Technik 8

Sich selbst pflegen

Man drückt seine Selbstliebe im Übrigen nicht nur mit einer sauberen Wohnung aus, sondern auch damit, dass man sich selbst pflegt. Sich selbst zu pflegen kann übrigens auch schon eine Belohnung sein. Sie tun sich etwas Gutes, wenn Sie zum Beispiel toll duften.

Sicherlich dürfen Sie es nicht mit Parfüm oder Deo übertreiben, sondern eher indem Sie sich ein angenehm riechendes Duschgel oder Shampoo kaufen und benutzen. Wichtig ist in erster Linie, dass Ihnen dieser Duft gefällt.

Denken Sie nicht daran, was könnte anderen Menschen vielleicht für ein Duft gefallen, sondern achten Sie darauf, dass Sie sich mit dem Duft wohlfühlen. Ich persönlich mag Lavendel sehr gerne. Lavendel hat auch einen beruhigenden Effekt und hilft zu entspannen.

So kann ich zum Beispiel nach einem anstrengenden Tag eine Dusche nehmen und fühle mich danach erholt und stark für neue Aufgaben. Duschen oder Baden ist nur eine Sache, wie man sich selbst pflegen und belohnen kann. Neben Zähneputzen, Nägel schneiden und Waschen sind auch die Körperhaare ein Kriterium.

Sich schön frisieren und dafür zu sorgen, dass die Haare nicht fettig ausschauen oder nicht durcheinander liegen (es sei denn, es ist bewusst als Stilmittel so gewollt) ,ist einfach wichtig und entscheidet, wie man auf seine Umwelt wirkt. Denken Sie bitte an das Kapitel, dass ich zuvor beschrieben habe, wie Sie sich einen positiven Freundeskreis aufbauen. Andere Menschen machen dies auch und würden Sie vielleicht nicht ansprechen, wenn Sie schlampig ausschauen. Ihnen würde sicher etwas entgehen, wenn Sie das nicht machen, aber das würden Sie nicht wissen, weil Sie es nicht erfahren werden. Wenn Sie sich ordentlich kleiden und nach außen gut wirken, so ist die Wahrscheinlichkeit groß, dass Menschen Sie gerne ansprechen und gerne in Ihrer Nähe sein werden.

Wichtig ist, dass Sie sich wohlfühlen und sich nicht verstellen. Sie müssen dazu keine Markenkleidung tragen und auch nicht der neuesten Mode frönen. Um glücklich zu sein brauchen Sie das nicht. Sie brauchen nur sich selbst um Glück zu empfinden. Allerdings ist es schöner das Glück zu teilen.

In diesem Sinne ist es wichtig, sich schön zu kleiden und sich zu pflegen. Sie drücken damit bewusst oder unbewusst aus, dass Sie sich Ihrem Wert bewusst sind. Sie sind nicht schlampig und kein Verlierer. Was die Kleidung betrifft, sollten Sie auch immer schauen, dass dies den Umständen entsprechend passt. Darüber hinaus sollten Sie auch Acht geben, dass Ihre Kleidung sauber ist und keine Flecken hat.

Was man auch nicht vernachlässigen darf, ist immer zu überprüfen, ob man vielleicht unter den Armen geschwitzt hat und ob das Oberteil stinkt. Was im Übrigen auch wichtig bei der Außenwirkung und nicht zu unterschätzen ist, ist Ihre Körperhaltung. Die beste Verpackung nützt nichts, wenn Sie wie ein Häufchen Elend wirken.

Dies geht ganz einfach, indem Sie Ihre Schultern zusammensacken lassen und den Blick nach unten richten. Wenn Sie nicht erfolgreich sein möchten dann empfehle ich Ihnen auch nicht den Blickkontakt. Anders ausgedrückt, sorgen Sie für eine gerade Körperhaltung, einen aufrechten Gang und halten Sie Blickkontakt. Wenn Sie jemanden die Hand geben, drücken Sie leicht zu und vermeiden Sie einen zu schwachen Händedruck. Am besten Sie versuchen so zuzudrücken, wie Ihr gegenüber.

Wenn Sie sitzen vermeiden Sie es die Arme zu verschränken und nehmen Sie die Hände aus den Hosentaschen. Im Übrigen strahlen Sie sehr viel aus, wenn Sie lächeln. Wenn Sie in einer Gesellschaft sind und nicht lächeln können, so hilft es vielleicht sich diese Menschen ohne Kleidung vorzustellen. In manchen Fällen ist es aber auch besser sich das nicht vorzustellen.

Zusammenfassung:

- Menschen, die sich selbst lieben, pflegen sich selbst
- Menschen, die gepflegt wirken, werden besser von Anderen wahrgenommen
- angemessene, saubere Kleidung und Körperhaltung
- sauberer Haarschnitt, guter Duft, Blickkontakt, Lächeln verstärkt Ihre Außenwirkung positiv
- Menschen, die positiv wahrgenommen werden, finden schneller Freunde und sind beruflich und privat erfolgreicher

Technik 9

Mut zur Lücke

Bitte verstehen Sie diese Technik nicht als Aufruf zur Untätigkeit. Ich möchte Sie keinesfalls ermutigen, sich mit zu wenig zufriedenzugeben. Mit Mut zur Lücke möchte ich Sie zu etwas mehr Gelassenheit und Geduld ermuntern.

Was man nämlich auf keinen Fall unterschätzen darf, ist der eigene Perfektionismus. Dabei ist es doch der eigene Perfektionismus, der gerade viele Menschen daran hindert zufrieden zu sein.

Viele Menschen können sich selbst nicht lieben, weil sie mit sich selbst nicht zufrieden sind. Es ist so einfach, wenn man diesen Idealismus einmal ablegt. Wer sagt, wie etwas sein muss? Wer sagt wie Sie zu sein haben?

Wer bestimmt dies? Sie oder jemand anderes? Na ich hoffe doch, dass Sie bestimmen. Sie entscheiden über sich und Ihr Leben. Sie haben Ihr Glück in der Hand.

Wenn jemand anderes entscheidet, so haben Sie entschieden, dass er entscheiden darf. In diesem Fall hoffe ich, dass Sie es sich entweder gut überlegt haben, oder sich wieder selbst entscheiden zu entscheiden. Ich persönlich möchte auch das alles ideal ist. Ich möchte auch das alles perfekt ist. Allerdings habe ich erkannt, dass es perfekt ist, wenn es für mich perfekt ist. Und perfekt sein heißt für mich auch das manche Dinge nicht 100-prozentig sein müssen. Bevor ich mich zum Beispiel verrückt mache, weil ich kein sauberes T-Shirt habe und ich vielleicht von der Außenwelt als schlampig wahrgenommen werde und ich deswegen das Haus nicht verlasse, so denke ich mir, dass es mir egal ist, wie mein T-Shirt ausschaut. In diesem Fall muss ich darüber stehen und mir selbst gegenüber nachgeben.

Wenn jemand mich auf mein schmutziges T-Shirt anspricht, so schäme ich mich dafür nicht, sondern ich stehe dazu. Ich habe mich dazu entschieden das schmutzige T-Shirt anzuziehen, weil es besser ist als gar nicht aus dem Haus zu gehen.

Natürlich ist dies nicht optimal und zum Glück auch nicht der Regelfall. Ein gesundes Selbstbewusstsein muss mit den eigenen Unzulänglichkeiten, den eigenen Schwächen und Lücken umgehen können. Man kann ja gar nicht perfekt sein. Irren ist menschlich und jeder Mensch macht Fehler. Muss man den Menschen dafür verurteilen? Oder muss man jemanden streng ins Gericht nehmen? Mut zur Lücke hilft auch mit Niederlagen positiv umzugehen. Man kann zum Beispiel in der Schule auch froh sein, wenn man eine drei oder eine vier hat, weil es schließlich besser ist als eine fünf oder eine sechs.

Und selbst wenn man eine fünf oder eine sechs hat, so ist dies nur eine Note von vielen. Bitte verstehen Sie mich nicht falsch. Mut zur Lücke zu haben bedeutet nicht, sich auf seinen Fehlern auszuruhen oder nichts an sich zu verändern. Mut zur Lücke zu haben heißt trotz Niederlagen nach vorne schauen zu können.

Es bedeutet vielmehr sich nicht an vergangene Missgeschicke oder Problemen aufzuhalten, da man diese nicht verändern kann. Es bedeutet auch nicht sich einzuschränken, was die Zukunft betrifft.

Man kann sich immer weiterentwickeln und immer besser werden. Was gut ist entscheiden Sie. Der eigene Perfektionismus kann sich zum Beispiel auch in Form von Prüfungsangst äußern. Dadurch, dass man sich so sehr unter Druck setzt und ein gutes Ergebnis möchte, kann genau das Gegenteil geschehen. Es kann zu einem Blackout kommen und man kann komplett versagen, obwohl man sehr viel gelernt hat und sehr viel weiß.

Oft denkt man sich hinterher, wie das passieren konnte und man hat doch alle Fragen beantworten können. Wenn Sie Prüfungsangst haben, so fragen Sie sich, ob dies an Ihrem Perfektionismus liegen kann. Im Übrigen drückt sich dies auch aus, wenn man schüchtern ist. Vielleicht hat man zu hohe Ansprüche an Andere oder an sich selbst und vielleicht sind es auch genau diese Ansprüche die einem Steine in den Weg legen. Was mir auch als Hobbykünstlerin extrem dabei hilft, ist es jedes Bild als Übung für das Nächste zu betrachten. Jedes Bild, welches ich male, ist eigen.

Es hat wunderschöne Elemente, die mir sehr gut gefallen und es hat auch Ecken und stellen die mir weniger gut gelungen sind.

Darüber hinaus würde dieses Bild niemals fertig werden, wenn ich immer versuchen würde es perfekt zu machen. Ich würde ständig von vorne anfangen müssen und das Bild würde dann auch komplett anders ausschauen, als es jetzt ist. Weil ich jedes Bild als eine Übung für das nächste Kunstwerk betrachte, schaffe ich es eine Vielzahl von Bildern zu malen und dabei immer besser zu werden. Schönheit liegt übrigens auch im Auge des Betrachters und so finden manche meiner Freunde Bilder schön, die ich zum Beispiel nicht gelungen finde.

Ich bekomme Lob und Anerkennung Kunstwerke, bei den ich mich frage, was daran schön ist. Insofern ist es auch sehr interessant zu beobachten, wonach manche Menschen urteilen und dies lässt sich auch auf alle anderen Lebensbereiche übertragen. Nicht immer ist das, was ich für perfekt halte für jemanden Anderen wichtig.

Durch meinen eigenen Perfektionismus könnte so viel unnötig gemacht werden, was ich gar nicht machen brauch, um für jemand anderen sozusagen gut zu sein. Bei meiner Masterarbeit musste ich mich auch eingrenzen, obwohl das Thema so spannend war und ich musste dort auch lernen, dass man nicht alles machen kann.

So ist es auch bei allem Anderen was wir Menschen machen. Und letzten Endes entscheide ich, ob ich zufrieden bin mit dem Ergebnis.

Und ich persönlich bin zufrieden, wenn ich ein Ergebnis habe. Ich selber weiß genau, dass ich mein Bestes gebe, auch wenn es nicht immer gut genug ist. Übrigens ist es so, mit dem ganzen Leben: Sicher hätte ich in der Schule besser sein können und ein Einser-Abitur schaffen können. Hier kommen wir aber zu Kapitel eins zurück, wo man die Dinge, die man nicht mehr ändern kann zu akzeptieren lernt. Das ist so wichtig, dass ich dem vorliegenden Buch ein ganzes Kapitel gewidmet habe.

Zusammenfassung:

- der Perfektionismus kann einem Schaden und zu hohe Ideale können hinderlich sein
- Gelassenheit ist eine Stärke
- weniger, ist manchmal mehr
- Sie sind es wert sich Zeit zu lassen, haben Sie Geduld
- vergeben Sie sich selbst und seien Sie nachsichtig, denn Sie sind Ihr bester Freund

Technik 10

Aus Fehlern lernen

Wenn ich zum Beispiel als Musiker auf die Bühne gehe, so habe ich eins gelernt: man kann sich mal verspielen und man kann auch mal aus dem Takt herauskommen, man darf nur eines nicht machen und das ist aufhören zu spielen.

Man kann es auch anders ausdrücken, indem man sagt, hinfallen ist keine Schande nur liegen bleiben oder noch deutlicher ist, der Spruch man kann unter Wasser tauchen aber nicht unter Wasser bleiben. Wichtig ist also bei Niederlagen nicht aufzugeben, sondern positiv nach vorne zu blicken. Dadurch, dass Sie aus Fehlern lernen, zeigen Sie, dass Sie sich selbst lieben und wertschätzen. Es hat daher auch mit Selbstliebe zu tun, sich selbst zu vergeben und nachsichtig zu sein. Machen Sie hierzu folgende Übung:

DIE SPIEGEL-ÜBUNG:

Stellen Sie sich vor einen Spiegel und sagen Sie sich: *„Du und ich, wir zwei sind die besten Freunde. Wir machen alles zusammen. Du bist toll, so wie du bist. Ich mag dich. Sicher machst du auch Fehler.*

Die machst du aber nicht absichtlich, sondern nur, weil du gerade nicht weißt, dass du einen Fehler machst. Würdest du das wissen, würdest du es mit Sicherheit anders machen. Deswegen mag ich dich so. Sei nicht zu hart zu dir selbst. Du bist gut."

Mein Vater hat es mit dieser Spiegel-Übung sogar geschafft, mit dem Rauchen aufzuhören. Er hat sich jedes Mal, wenn er das Verlangen nach einer Zigarette hatte, vor einen Spiegel gestellt und gesagt „du und ich wir beide schaffen das".

Warum sollte diese Übung nicht auch helfen, ein positives Selbstwertgefühl zu entwickeln? Wenn Sie an sich zweifeln oder sich unsicher sind, dann können Sie sich auch vor einen Spiegel stellen und sich sagen „du und ich, wir beide, wir schaffen das!".

Sollten Sie es nicht schaffen was Sie sich vorgenommen haben, so wissen Sie, dass Sie aus Ihren Fehlern lernen können und dies auch dürfen. Erlauben Sie es sich einfach. Niemand sagt, man muss perfekt sein? Jeder Meister fängt klein an.

Ich habe als Kind einmal Taekwondo gelernt und es war wirklich schwierig am Anfang bei den Übungen mitzuhalten. Bei meinem Tanzkurs zur Hochzeit später war es das Gleiche.

Man hat so perfekte und schöne Abläufe, aber zwei linke Füße, die einfach nicht das machen was man möchte. Jedoch wurde es immer besser, Schritt für Schritt. Es wurde besser, weil ich geübt habe und aus meinen Fehlern gelernt habe. Wer sagt eigentlich, dass das im Leben nicht anders als bei einem Tanzkurs sein soll?

Übung macht den Meister. Und zur Übung gehört es dazu, Fehler zu machen und daraus zu lernen. Sich selbst zu verbieten Fehler zu machen, mag zwar ethisch oder moralisch durchaus verlockend sein, hilft Ihnen aber auch nicht weiter, wenn Sie doch einen Fehler gemacht haben.

Wo gehobelt wird da fallen Späne. Lassen Sie also Ihr Selbstwertgefühl nicht darunter leiden, dass mal etwas nicht so geklappt hat, sondern seien Sie zuversichtlich, dass Sie daraus lernen und es künftig besser machen werden. Ich möchte Sie dazu bewegen, dass Sie sich nicht ärgern, wenn Sie einen Fehler gemacht haben.

Ärger bringt Sie nämlich nicht nach vorne und kostet viel Energie. Wenn manchmal etwas schiefläuft, ist es möglicherweise auch gar nicht Ihre Schuld gewesen. Erfolgreiche Menschen neigen dazu, bei Misserfolgen die Fehler in Ihrer Umgebung zu suchen und bei Erfolgen machen sie sich selbst dafür verantwortlich. Bei Menschen mit einem geringen Selbstwertgefühl ist es genau umgekehrt:

wenn etwas gut läuft, dann liegt es an der Umwelt, die es vermeintlich gut meint, wenn etwas schlecht läuft, dann ist man selbst Schuld gewesen. Wie eingangs erwähnt, ist es immer gut sich selbst zu hinterfragen, allerdings darf man sich dabei nicht zu lange mit der Fehleranalyse aufhalten und sich zu sehr fertig machen.

Verurteilen Sie sich nicht zu hart, denn Sie wissen ja es ist noch kein Meister vom Himmel gefallen.

„Aus Fehlern wird man klug, drum ist einer nicht genug!"

Dieser Spruch hat mich Zeit meines Lebens begleitet. Man könnte auch sagen: *„Irren ist menschlich"*. Und meiner Meinung nach ist Vergebung auch menschlich.

Wenn Sie sich nun fragen, wieso ich so häufig mit Redewendungen komme, so hat es damit zu tun, dass Sie sehen, wie weit diese Erkenntnisse und Weisheiten verbreitet sind. Insofern möchte ich Ihnen mit der letzten Zusammenfassung dieses Buches, einige Redewendungen mit auf den Weg geben. Die Übung lautet: Fragen Sie sich selbst, wie diese Sprichwörter mit einer positiven Fehlerkultur Ihr Selbstwertgefühl positiv beeinflussen werden.

Zusammenfassung:

- **„aus Fehlern wird man klug, drum ist einer nicht genug"**
- **„es ist noch kein Meister vom Himmel gefallen"**

- „Übung macht den Meister"
- „steter Tropfen höhlt den Stein"
- „Kleinvieh macht auch Mist"
- „es gibt nichts Gutes, außer man tut es"

Schlusswort

Abschließend möchte ich Ihnen danken, dass Sie sich die Zeit genommen haben dieses Buch durchzulesen. Sie können Ihr Selbstvertrauen, Selbstwertgefühl und Ihre Liebe zu sich selbst steigern, indem Sie die Techniken und Übungen aus diesem Buch berücksichtigen. Es reicht dabei völlig aus, wenn Sie sich zunächst einmal auf ein oder zwei dieser Selbsthilfe Themen konzentrieren.

Es ist egal, welche Sie zuerst anwenden, da diese unabhängig voneinander sind. Hier gibt es auch kein richtig oder falsch, denn alles ist ein Prozess.

Es ist eine Entwicklung, die Sie selbst steuern und begleiten. Ich möchte Sie ermutigen, an sich zu glauben und zu arbeiten, um diesen Weg Schritt für Schritt zu gehen. Sie sind es sich wert. Sie sind es sich schuldig, sich selbst Gutes zu tun.

Sie sind für sich verantwortlich und Sie können und dürfen sich entwickeln. Haben Sie Geduld und seien Sie nachsichtig mit sich Stellen Sie sich vor, Sie sind Vater oder Mutter und gleichzeitig das Kind.

Was würde ein liebendes Elternteil zu seinem Kind sagen? Was würde ein liebendes Elternteil seinem Kind raten? Seien Sie selbst das liebende Elternteil. Suchen Sie sich eine schöne Umgebung. Was hält Sie an dem Ort, an dem Sie sind? Denken Sie aber daran, vor sich selbst können Sie nicht weglaufen.

Sie können aber die Umwelt für sich lebenswert und liebenswert gestalten und Sie sind es sich wert in einer schönen Welt zu leben. Niemand bestraft Sie und zwingt Sie zu einem Hundeleben. Sie sind es sich auch Wert, von netten Menschen umgeben zu sein, wenn Sie selbst nett zu anderen Menschen sind. So wie Sie anderen begegnen, begegnet Ihnen die Umwelt. Das Äußere und Innere, ist dabei wie ein Spiegel. Haben Sie Mut und seien Sie optimistisch. Blicken Sie nach vorne und akzeptieren Sie Dinge, die Sie nicht mehr ändern können.

Haben Sie das Wissen und die Zuversicht aus Fehlern lernen zu können und die Dinge in Zukunft anders und besser zu gestalten. Haben Sie den Mut und gönnen Sie sich die Zeit, die Sie brauchen um sich weiterzuentwickeln.

Sie selbst sitzen am Steuer Ihres Lebens und lenken es ans Ziel Ihrer Wahl. Sie entscheiden, wie schnell und wohin die Reise geht. Sie entscheiden, wer Sie begleitet.

"Lassen Sie die Chancen nicht an Ihnen vorbeiziehen, sondern schauen Sie genauer hin. Es werden sich Erkenntnisse ergeben, die Sie bis jetzt noch nicht erkannt haben. Es ist nie zu spät, um mit Selbstvertrauen Selbstfindung & Selbstliebe auf eine spannende Reise zu gehen und Ihr wahres Ich zu finden."

"Ich wünsche Ihnen für Ihren Weg, Ihre Reise und Ihre Entwicklung von ganzem Herzen nur das Allerbeste und hoffe Ihnen weitergeholfen zu haben."

Leoni Herzig

Wenn Sie noch mehr über persönliches Wachstum lernen möchten, dann besuchen Sie doch gerne meine Autorenseite auf Amazon.
Leoni Herzig in die Amazon Suchmaske eingeben.

Haftungsausschluss und Impressum

Der Inhalt dieses Buches wurde mit sehr großer Sorgfalt erstellt und geprüft. Für die Richtigkeit, Vollständigkeit und Aktualität des geschriebenen kann jedoch keine Garantie gewährleistet werden.

Sowie auch nicht für Erfolg oder Misserfolg bei der Anwendung des gelesenen. Der Inhalt des Buches spiegelt die persönliche Meinung und Erfahrung des Autors wider. Der Inhalt sollte so ausgelegt werden, dass er dem Unterhaltungszweck dient. Er sollte nicht mit medizinischer Hilfe verwechselt werden.

Juristische Verantwortung oder Haftung für kontraproduktive Ausführung oder falsches Interpretieren von Text und Inhalt wird nicht übernommen.

Impressum

257

Autor: Leoni Herzig

Vertreten durch:

Markus Kober

Kreuzerwasenstraße 1

71088 Holzgerlingen

markus.kkober@gmail.com

Alle Bilder und Texte dieses Buchs sind urheberrechtlich geschützt.

Ohne explizite Erlaubnis des Herausgebers, Urhebers und Rechteinhabers

sind die Rechte vor Vervielfältigung und Nutzung dritter geschützt.

Quellenangabe:

https://selbstvertrauen-staerken.de/selbstbewusstsein-und-selbstvertrauen/

https://selbstvertrauen-staerken.de/3-tipps-selbstwert-aufbauen/

http://www.wellness-und-entspannung.de/content/geist_seele/index.php?cat=8&subcat=102&article=123

https://www.evidero.de/selbstwert-aufbauen-mit-uebungen

http://lexikon.stangl.eu/627/selbstwertgefuehl/

https://www.stern.de/panorama/wissen/mensch/seele---sexualitaet-selbstbewusstsein-3342306.html

https://www.zeitzuleben.de/persoenlichkeitsentwicklung/

https://www.selbstbewusstsein-staerken.net/persoenlichkeitsentwicklung/

https://de.wikipedia.org/wiki/Selbstbewusstsein

https://www.selbstbewusstsein-staerken.net/10-praktische-tipps-fuer-mehr-selbstbewusstsein/

https://www.selbstbewusstsein-staerken.net/positiv-denken-lernen

http://erzählmirmehr.com/2017/03/15/mentale-staerke-trainieren

https://www.sedariston.de/strategie/was-ist-innere-staerke/?utm_source=ga&utm_medium=cpc&utm_campaign=p18

https://www.psychotipps.com/Selbstvertrauen.html

https://erfolg-intuitiv.de/selbstbewusstsein/selbstbewusster-werden-selbstliebe-selbstachtung.html

https://www.selbstbewusstsein-staerken.net/uebungen/

https://www.selbstbewusstsein-staerken.net/disziplin-lernen/

https://wiki.yoga-vidya.de/Eigenliebe

https://sich-leben.com/eigenliebe-lernen/

https://www.flowfinder.de/persoenlichkeitsentwicklung/

https://www.lebeblog.de/selbstverwirklichung/

https://persoenlichkeitsentwicklung-und-erfolg.de/die-fuenf-stufen-der-persoenlichkeitsentwicklung

https://www.ursachewirkung.at/leben/1437-worauf-es-im-leben-ankommt

https://karrierebibel.de/selbstmotivation/
https://karrierebibel.de/mentale-staerke/
https://karrierebibel.de/persoenlichkeitsentwicklung/
https://karrierebibel.de/lebensbalance-modell/
https://karrierebibel.de/selbstbewusstsein-selbstvertrauen/
https://karrierebibel.de/selbstwertgefuehl/
https://karrierebibel.de/selbstverwirklichung/
https://karrierebibel.de/selbstfindung/
https://karrierebibel.de/perfektionismus/#Gute-Perfektion-schlechte-Perfektion
https://karrierebibel.de/selbstreflexion/
https://www.stephanwiessler.de/selbstfindung-was-will-ich-denn-jetzt-wirklich-und-wer-bin-ich-ueberhaupt/
http://www.stephanwiessler.de/negative-gedanken/
http://www.stephanwiessler.de/was-macht-gluecklich/
http://www.viversum.de/online-magazin/selbstfindung

Printed in Poland
by Amazon Fulfillment
Poland Sp. z o.o., Wrocław

50373860R00155